说易无德

古典今读文丛

【古典今读文丛】

刘文孝◎著

云南出版集团公司
云南人民出版社

图书在版编目(CIP)数据

说易无德 / 刘文孝著. —昆明：云南人民出版社，2009
(古典今读文丛)
ISBN 978-7-222-05875-0

I. 说… Ⅱ. 刘… Ⅲ. 周易—研究 Ⅳ.B221.5

中国版本图书馆 CIP 数据核字 (2009) 第 064807 号

责任编辑：朱　原
封扉设计：袁亚雄
责任核校：朱　原
责任印制：段金华

书　名	说易无德
作　者	刘文孝　著
出　版	云南出版集团公司　云南人民出版社
发　行	云南人民出版社
社　址	昆明市环城西路 609 号
邮　编	650034
网　址	www.ynpph.com.cn
E-mail	rmszbs@public.km.yn.cn
开　本	889×1194　1/32
印　张	6.25
字　数	150 千
版　次	2009 年 5 月第 1 版第 1 次印刷
印　数	1-1100 册
排　版 印　刷	云南新华印刷二厂
书　号	ISBN　978-7-222-05875-0
定　价	24.00 元

尊敬的读者：若你购买的我社图书存在印装质量问题，请与我社发行部联系调换。
发行部电话：(0871)4194864　4191604　4107628(邮购)

目录

狼跋其胡

见山斋说易稿就，自题《说易无德》。

或曰，“说易无德”，何谓也？见山斋曰：

易之为物，吉也，凶也，利也，害也。得即为德，为吉；失即为害，为凶。善恶云乎哉？是易无德。

古今说易，说无德为有德，是亦无德。尊卑曰德，大宝曰位。善恶云乎哉？是说易无德。

或曰，子之说易，胡然而天也，胡然而地也，嘲人权威，破人信仰，挡人财路。善恶云乎哉？是亦无德。

见山斋曰：知我无德，是子亦无德。然无德即大德，大德即无德，说易无德，不亦宜乎！大髯有云，何处无功无德？唯少无德如无两人耳！

岁在戊子，古滇官渡少林寺僧施腊八粥功德后九日，于昆明。

国货国学第一规矩

见山斋散人生性懒散，干什么都没恒心（因为没恒产嘛），没章法，所以，一辈子学东西都是鸡零狗碎的。因为百无一用，又要糊口，只好当了“人之患”，用古话说就是“文人末路去教书”，用当今“成功人士”的话说，就是“在社会上混不走了才当教师”。教而若此，当然只能误人子弟，骗点可怜天下父母心的散碎银子（大锭银子都被老板拿去了）。不料还真有上当的，不仅有望子成龙、望女成凤的老爹老妈们，还有我陪他们读书的太子和公主！有位小公主有天就约见我——列位别误会，不是花前月下，是在没上课的教室。一问，原来这位小公主想跟我学点算命功夫（列位莫怪，如今大学里只要能教学生赚钱的，都可以申报必修课乃至精品课）。我问她是为了玩儿，还是想赚钱。她说最高纲领是赚大钱，最低纲领是赚中钱，不过看我大钱中钱都从没赚过，就算玩儿吧。我说，那好，咱是玩儿外国货呢还是中国货？她说，外国货有哪些？中国货又有哪些呢？我说，外国货嘛，比如塔罗牌啦、十二星座啦、吉普赛巫婆的水晶球啦、诺查丹马斯的大预言啦，等等；中国货嘛，批八字啦、看风水啦、推背图啦、八卦周易啦，等等。她说，咱玩国货吧。我说，国货不吃香，你没看什么商品都要打上“原装进口”的标识（读 zhì，别跟着港台商人读白字 shí）吗？她说，难怪你一辈子只能赚小钱，如今讲爱国，想赚大钱不爱国能赚吗？你没看那帮海龟海带们，不都一批批乘着爱国大潮漂回来了吗？国内饵料不丰富，他们能回来吗？我说，道之所存，师之所存也。该您当我的老师才是，我谨受教了！她说，那要看以后啦，现在还是我先让你当老师吧，别敬酒不吃吃罚酒！我说，遵命！那我就先忝为一把人师吧。那咱们先玩哪一样国货呢？不料她说，你这人怎么这么笨？虽说爱国要玩国货，但国货到底威风还没树起来，何况咱们玩的是信息科学，不能跟三鹿奶粉分到同一个档次上。咱还是说玩国学吧！我说，你说的有道理。咱是搞精神文明的，是不能叫货！虽然如今大学都时兴讲名牌，讲产品，但那是三四流甚至不入流的“大学”才玩的把戏。咱好歹也算一本（招生第一批录取的本科大学，就像古希腊把最好看的小妞叫“头挑的”一样），是该叫“学”才合身份，不过，这“国学”一词儿，不是咱国产的呀，那原是小日本的话，他们把他们日本那一套称为国学。摆弄《源氏物语》那个本居宣长就是日本的“国学大师”嘛！咱玩中国货，是不是改用中国名好些？她啐了一口道，你真木得可以！如今讲引资、讲合资，就算“国学”二字是小日本发明的，咱不兴引进来合用吗？何况这差不多引进来近百年了，吾土吾民都当是土产特产了，有什么不能用的？我要不是看你平时上课还能唬弄人，真想立马把你开排！我说，别，别！我还指望从您这儿弄点儿外快呢！咱就玩国学吧！

她说，那咱从哪儿玩起呢？我说，咱祖师爷孔老夫子说啦，名不正则言不顺。咱先从正名开始吧。她说，正什么名呀？我说，当然是先正你的名啦，要不以后怎么称呼你呢？她说，也是！不过，我不是有名有姓的吗？怎么不能称呼呢？我说，那是1949年中华人民共和国成立以后才搞的，是从洋鬼子那里学来的。原先妇女不兴这么叫。她说，那该怎么叫呢。我说，夫家姓加上娘家姓再加上一个氏字。她说，举个例吧。我说，我们昆明人说某样东西恰好合用，怎么说？她说，“将合适”呗！我说，对啦，何家姑娘嫁到姜家，不就是“姜何氏（将合适）”吗？她说，这好难听！我不要！何况我还没嫁人呢！我说，对不起，虽然给你上过课，可你的尊姓我还没记住呢。她说，我和当前大名鼎鼎的学术超女五百年前是一家！

我说，失敬失敬！那你在家行几呀？她有点儿不解地问，什么行几？我说，就是在姐妹中你排行第几，或者说你是老几？她说，我知道了，你不就是问我的名分吗？我家那位学术超女说过，庄子都不要名分，你干吗那么啰嗦？我说，那是学术超女误会了。她本想说，庄子不要什么名声名誉，但她把名声名誉和名分搞混了，说成了庄子不要名分。她还没你现在明白。中国妇女没什么社会地位，只好在家里争个名分。名分是中国妇女的命根子！一个女人讲国学，连中国妇女的命根子都不知道，用时髦的港台话来说，就是“好好玩耶”！我这位高足（应该说雇主或客户）听了又问道：可是我那位学姐还说啦，庄子看破得失，看破生死，主张是人都要“活在当下”。这话说到大家心里去啦，所以，人手一本，大人当圣经，娃娃当蒙学哪！我说，“活在当下”哪里是庄子的主张，那是你那位学姐强暴庄子后自己产下的怪胎。庄子讲的人生境界是“逍遥游”。说具体点儿，就是“真人无我，神人无名，圣人无功”，摆脱咱儒生们汲汲以求的世间功名利禄。再说深点儿，就是御六气之辩，乘天地之化，以游于无穷。再说具体点儿，就是“邈姑射之山”上的神人，一方面不疵厉而使年谷熟，不干预庄稼生长，而让庄稼自己成熟；另一方面，他们自己则大浸稽天而不溺，大旱金石流而不热。就是说，洪水滔天他们也不会被淹着，太阳大爆炸，金石都烤化了，他们也不感到热。他们“肌肤若冰雪，绰约若处子”，既不干预宇宙万物，也不依赖任何事物，与万物同化，“天人合一”（不是咱儒家的冒牌“天人合一”，儒家的是巫术的“天人感应”），永葆生命，永葆青春。那才是“逍遥游”！至于你说的那“活在当下”，在咱中国古代，叫做“今朝有酒今朝醉”。在西方，就是莫里哀笔下的西方西门庆堂璜说的“我只信二加二等于四”，也就是荒淫国王路易十五说的“我死后，洪水滔天我也不管！”也就是当今暴发户和皮肉生涯女们说的“吃喝玩乐，享受生活”！

这是时代大转变时必然出现而且蔓延的一种最腐朽的人生观！不过，话说回来，你那位学姐倒也真是表达了当今流行的人生观，不愧为当今人生观的形象代言人。怪不得哈姆雷特感叹说："脆弱啊，女人就是你的代名词！"倘若他活到今天，恐怕就要说："无耻啊，'活在当下'就是你的代言人！"

我这位主顾说，管它活在当下还是活在永远！告诉你，我行三，那你说我该怎么叫？我说，该叫"叔姬"，孟仲叔季嘛！以后就叫你叔姬啦！她说，本姑娘是室女座，你怎么属鸡不属鸡的胡勒？我说，你误会了。你们家现在的姓，其实不是姓，而是氏。你家老祖宗的老祖宗的老祖宗，是大名鼎鼎的周武王姬发的亲兄弟，被封到了"邗"这个地方。他的后代就以国为氏，也就是在祖宗的一级姓下面再取个新的二级姓，好跟老姬家其他人区分开，称为"邗氏"，后来又有些人把"邗"的耳朵割了扔了，就成了你家今天的姓。不过，这种权力只有男子才有。女的嘛，对不起，还得用一级的姓。你排行三，就该叫叔姬。她听了说，这名听着还受用。我明白了，那我大姐二姐该叫孟姬、仲姬。我说，真是冰雪聪明，一点就化！没想到她突然反问道，要是我像我家那位学术超女，嫁了人了，该怎么叫？我说，马虎点，叫姬氏。春秋时郑庄公就叫他老妈为"姜氏"嘛，因为他老妈娘家姓姜。叔姬说，难听死了！我说，不过，假如你将来那位先生大去了，你的称呼就会改得好听些。叔姬说，怎么改呀？我说，你先生的谥号加上你的姓。叔姬说，什么嗜好呀？有烟酒嗜好的我才不要呢！我说，不是烟酒嗜好，是有头有脸的大人物翘辫子以后，朝廷就要总结他的一生，用一两个字加以概括，这就叫谥号，也就是盖棺论定。比如前面说的姜氏的老公活着是郑国国君，死了得个谥号"武公"，姜氏就被称为"武姜"。叔姬大怒道，你这是咒我死呀！我说，不敢，不敢！我只是告诉你咱这国货国学的第一规矩。也就是祖师爷说的"必也正名乎"。要玩国学，就先得按规矩把自己的名正了，把要学的东西的名也正了，才玩得转。叔姬说，少啰嗦！叔姬就叔姬。别咒我招我烦就行！

出口转内销，扔掉捆绑货

我说，国学有好多家呢。咱玩哪家呀？叔姬说，咱玩儒家。儒生向来捧胜不捧败。想当年刘三打天下时，有个儒生叔孙通，屁大的功劳没立一点。等刘三得了天下，他出来教刘三如何摆皇帝的威风，把个刘三乐得说："吾今乃知皇帝之贵也!"如今太平盛世，又该儒生出来捧场了。能捧场就能吃香。咱也要吃香，玩儒家怎么样？我说，你是先得我心，我也正想玩玩咱儒家，说不定能像叔孙通那样摘个大桃子呢。不过，儒家玩意儿不少，咱玩哪一样呢？叔姬说，咱玩《周易》。现如今玩《论语》的不少，七八岁娃娃都整个瓜皮小帽戴着，摇头晃脑诵《论语》，太小儿科了。《周易》比《论语》地位高多了，听说是"群经之首"。咱把它玩转了，那些个玩《论》《孟》的，都得对咱俯首称臣，是不是？我说，照呀!《论语》当初连经的边儿都沾不上，到宋代以后，才被"不可靠的"河南人（这是近年一个笑话）程颢、程颐两兄弟抬起来，又被朱熹老夫子编到四书里，当作儒生的初级读物。亏得穷和尚出身的大麻子皇帝朱元璋想表示自己龙目不凡，把四书规定为儒生考功名的必读书，就跟现在满大街地摊上卖的公务员考试必读一样，这才走红起来。《周易》呢，响当当的"群经之首"，咱玩它，肯定比玩《论语》的高！不过，咱丑话说在前，这《周易》也不全是咱中国产的，是出口以后，老外加了工，又返销回来的。咱玩国学玩它合适吗？

叔姬说，此话怎讲？我说，不都说《周易》八卦是什么伏羲氏画的吗，我也不知道这伏羲氏一个烤肉的（他又叫庖牺氏）要画八卦干吗。不过，不管他了，就算是他画的吧。后来又说周文王对八卦加了工，重叠成六十四卦。这周文王可是个老外。这是孟老夫子说的。孟老夫子说，舜是东夷之人，就是东洋鬼子；文王是西夷之人，就是西洋鬼子。这西洋鬼子鼓捣过的东西，咱中国之人玩，行吗？叔姬说，我真把你个榆木脑袋！什么东洋鬼子、西洋鬼子？那是姥姥年的事了！你们儒生都把他们认了祖，归了宗，你在那儿瞎担忧些什么？就算是西洋鬼子鼓捣过的东西，我刚才不告诉你了吗，可以引进合资呀！我说，是，是，是！这真是教学相长！咱就玩《周易》吧。不过，还有一事不敢相瞒。这《周易》产生几千年来，被咱儒生们酸甜苦辣香臭馊霉什么都倒在里面，早成了个泔水缸了。咱来搅这泔水缸，是不是有点恶心？

叔姬又问，这话又怎讲？我说，咱现在看到的《周易》，包括两部分，一部分叫《易》或《易经》；另一部分叫《十翼》，合起来叫《周易》。《易》大约最初产生在殷商时期，到西周初步成形。里面有六十四卦的卦爻辞一共四百五十条语句。长的几十个字，短的两个字。这就是真正的《易》了，原来都是掌握在管占卜或占筮的太卜史巫之类官员手中。春秋战国时期，西周邦联制封建政权，像苏维埃共和国联盟解体一样散了架，政府赖以决策的这些档案解密了，流落民间，不知是些什么阴阳家啦、五行家啦、道家啦，乃至儒家的门徒，都玩起这些繇辞来了。这些繇辞所记内容有形有象，而且多半有头无尾，或是有尾无头，甚至没头没尾，咱汉语又是一种孤立语，指称模糊，不像屈折语那样指称单纯。《易》于是像闻一多先生说的，很有弹性。出门旅游，便于往里塞东西。于是，各家各派就把自己的走私货物塞进去，借“易”之尸，还己之魂。这些走私货中，流传至今比较早的、比较有名的，就是所谓《易传》，因为有十篇，所以又叫《十翼》。就像考公务员，有必读教材，还有好多什么劳什子辅导材料。

叔姬打断我说，怎么，“易”还有“传”？谁的传记呀？我说，不是传记。“传”的意思，是对经典的注释、说明、阐述等等。那十篇“翼”，都是阐述易经含意的，所以叫“传”。它们不是易本身。叔姬说，有没有用呢？我说，另起炉灶，自成一体，不乏可说之处，那叫“易学”，借“易”的名头搞起来的一门学问。要说对《易经》嘛，往往牵强附会，离题万里，无非就是咱儒家那套君臣啦、父子啦、仁义啦。因为儒家最拿手的把戏，就是把天地万物都等级化、尊卑化，也就是一般说的伦理化。比如天地，哪有尊卑？可咱儒家说啦，“天尊地卑，乾坤定矣！”不但分了尊卑，还有性别呢。天是老公，地是老婆。难怪果戈里写俄罗斯的天地是：“天穹弓起身子，淫荡地趴在大地身上。”看来老果也懂得《易传》的神髓呐！又比如《易经》的第一卦《乾》卦，卦辞就四个字：元亨利贞，它的意思无非像和尚庙里求签，得了个大吉大利上上签而已。可是《十翼》中的《文言》却说这是什么——

没等我说完，叔姬打断我说，怎么，易传还有文言文和白话文之分吗？我说，不是。“文言”是指这篇东西的文字漂亮花哨。叔姬说，我懂了，接着说吧。我说，《文言》说，易有四德：“元者，善之长也；亨者，嘉之会也；利者，义之和也；贞者，事之干也。”这简直跟侯宝林说的《关公战秦琼》一样，哪跟哪呀！可是，两千年来，咱儒生们就硬说这是天经地义。其实，元就是开始、生意开张。亨就是亨通、顺利，咱们打扑克叫六六大顺，当官叫官运亨通，这就是易经了。利在这里就是吉利。贞这个字，在甲骨文里就是占卜。所以，这四个字是说，恭喜你！得了个开张大吉大利上上签！

《易》最早产生的时候，就是在殷商渔猎游牧时期，甚至更早一些，那时还是前道德时代，听好了，前道德时代！叔姬说，什么叫前道德时代？我说，就是还没有后代道德观念的时代。那时候，讲的只是吉凶，没有后代的善恶。或者说，吉、有利就是善；凶、不利就是恶。咱们云南边境一些少数民族还保留这种观念。一个人死了，是变成好鬼还是恶鬼，不取决于这人生前是大善人还是大恶人，而是取决于这人死亡的方式。在家中寿终正寝，哪怕他生前恶贯满盈，他也是好鬼，是家鬼。反之，横死在外，失足落水啦，被猛兽咬死啦，即使生前是学雷锋标兵，那也是恶鬼、野鬼。成昆铁路刚通车时，大小凉山一带的彝族同胞看见火车上有些好东西，就不请自到，弄了下来，搬回家去。那时还不知电视机干什么用，做板凳正好；电冰箱嘛，装猪食。他们不觉得这有什么不好。就跟古希腊联军攻打特洛亚一样。为什么？就因为特洛亚有钱，咱就该打它，抢它的财富，抢它的女人。抢得越多，越是英雄。本来么，英雄时代，战争、海盗、冒险，不怕死，夺取财富，这就是咱的英雄精神、英雄行为！胜利就是吉，就是善；失败就是凶，就是恶！英雄主义万岁！老荷马就这么唱的！《易经》里面也是这么说的，只有吉凶，没有善恶。那些个谦虚啦，仁德啦的套话，都是后代人不知道中国历史也有不讲善恶的英雄时代，妄加窜改的。比方大名鼎鼎的“谦卦”，其实，远了不用说，就说汉石经，刻的字就不是“谦”，而是“嗛（xián）”。“嗛”是什么？是口中含着东西。口含东西干什么，让你不能出声。干吗不能出声？因为要渡河去偷袭人家，当然越是隐蔽越好。所以这才叫“利涉大川”。可是，后世儒生把“嗛”改成“谦”，说什么呢？说谦虚就利涉大川，谦虚就能渡过大河。谦虚跟渡河有什么关系？我不会游泳，可我谦虚，我就能渡过河去。咱海军也不用兵舰了，只要学好谦虚，就能横渡太平洋，远征老美！你相信吗？

叔姬说，那么，这些什么易传十翼之类的劳什子，咱们可以不管它了。我说，单玩《易经》，是可以不管它。不过，有时翻翻，说得不错的也可以听听。还有，就是咱们现在看到的《易经》，其实也不是最早的易经了。现在看到的《易经》，是三国时科技大学神童班的王弼注释的本子，称为通行本。在这以前，还有好些不同的本子。秦始皇下令全国烧书，一向被骂得狗血喷头，咱有个儒生却说他烧得好。那就是河南人程颐，他说秦始皇这一烧，把好多乱七八糟的书都烧了，世间就清爽多了。其实儒生也喜欢烧别家的书。去年北大的李零写了本《丧家狗》，取孔老夫子的自我调侃，用诙谐的笔调替孔老夫子美言，不料适得其反，把咱儒家那些徒子徒孙们气个半死。于是，“小子鸣鼓而攻之”。咱有一位在孔子那儿没缴过束修、也没注册的“再”的n次方传弟子，甚至要李零公开认罪，严禁此书再版，只差没说烧了。对不起，我说话跟《论语》一样，东一句西一句的。回到正题吧。话说秦始皇烧书，却没烧《易》。为什么？因为《易》是占筮之书、巫术之书。而秦始皇（其实一切专制统治者都）正是相信巫术的，要不怎么会上徐福的当，以政府行为资助徐福叛逃国外，引渡不回来呢？等到汉朝，文景之世，靠着无为而治的黄老之术，骚扰老百姓的花点子少些，经济繁荣起来，成了中国历史上第一个真正的太平盛世，儒生又出来教皇帝摆谱了。那个口头上讲公羊大义、骨子里信巫术感应（人家叫“天人合一”）的董仲舒，看准了刘彻想搞独裁，希声承旨，建议刘彻“罢黜百家，独尊儒术”，一炮打响。太学里其他各家成了选修课乃至禁修课，咱儒家成了必修课的必修课，而且没有所谓自学考试这一说。你想弄个儒生当当，套点功名，就非得拜到某位博士门下不可！那时的五经博士，可不是今天你们念的博士，而是咱今天社科院院士，八面威风。可这五经，其他经烧的烧了，丢的丢了（乐经），要想恢复，麻烦不少。恢复起来，又是什么今文学派，古文学派的，吵得一塌糊涂。唯独《易》没烧，一下不就成了“群经之首”啦！就跟咱有些破烂小村镇，干部只会喝酒，老百姓只等救济，多少年没建设，后来“民族文化”一吃香，它那些破烂就成了价值连城的古董，比《十日谈》里那位五毒俱全的圣徒夏泼赖托留下的破鞋烂袜子还值钱！

叔姬说，那么，《易经》的种就该很纯啦？我说，也不太理想。那时也没专利，也没版权，配种很随便，只要是五经博士（或是名士），就可以说自己配出来的种是真传。所以，汉朝《易经》就有不同的本子。比如有个叫京房的，他那《易传》里，对易经六十四卦的排法，就跟王弼的不一样。中华人民共和国成立后，考古还挖出来些新东西，最有名的就是长沙马王堆曾侯乙墓中找到的《帛书周易》，也跟通行本排法不一样，字句也颇有出入。汉朝玩《易经》的儒生，不少人喜欢象数，就是根据卦象及相关的数字关系，测算事情的成败吉凶。这叫“象数学”。到了王弼，他重新注释古文学派的《易经》，把象数一扫而空，专门从《易经》里分析他认为可以分析出的义理（我们今天叫哲学）。这在易学史上叫“王弼扫象”，由此生出另一派叫“义理派”。他注释《易经》，基本是按照《易传》里的《系辞》、《彖》、《象》和《文言》的意思去解释，这叫“以传解经”。王弼虽是玄学天才，但因为对咱祖师爷孔老夫子蛮看好的，而且，他注释《易经》的根据是《易传》。这是咱们儒生们说《易》的命根子。所以，后代儒生们就拼命吹捧王弼注释的《周易》。在唐代经过孔颖达的再注释（叫“疏”或“正义”），就成了《易经》的权威版本。咱儒生们说，《十翼》是孔子研究《易经》的大作。根据就是《论语》里的一句话：“假我数年，五十以学易，可以无大过矣！”可是，整个《论语》提到孔子学易也就这一句，再无其他。而且，这句话在另一种《论语》版本《鲁论》里，却说的是：“假我数年，五十以学，亦可以无过矣！”下一句的“亦”，被篡改到上一句句尾，变成了“易”。其实，孔子到五十恐怕用不着学易了，因为他说自己“五十而知天命”，天命都知道了，“易”算什么东西？再说，孔子说自己是“述而不作，信而好古”。用今天的话说，孔子是个好老师，课讲得不错，但写文章嘛，恐怕就没兴趣了。孔子一生浸淫在西周礼乐之中，不去写礼乐大作，却来写只提过一句的《易》，莫非大圣人连轻重缓急都分不清啦？而且，就是文字功底平平的人大概也看得出，《论语》的文风跟《易传》的文风，相去真不可以道里计！这些东西，都是西汉的儒生们摭拾孟子荀子以后的杂文，拼凑起来的杂拌。大陆的学生不少人对这些公案都陌生得很，被港台那些对五四运动恨之入骨的新儒、大儒一说，便以为这些东西是老虎屁股摸不得，不仅自己磕头不已，还要别人也跟着磕头。你说好笑不？所以，咱们玩《易经》，可以不用理会那些捆绑在《易经》上倾销的廉价商品，只买《易经》就得了。

当行本色与屎里觅道

转天叔姬问我，这玩《周易》的，是象数派对呢，还是义理派对？我说，这问题有点不好回答。各有千秋吧。不过，追根究底说，那么，象数派是当行本色，义理派是借尸还魂。叔姬接着问，什么道理？我说，你想啊，《易》原来是用来干什么的？叔姬说，不是算命的吗？我说，不全对，它不是算命，是算事，也就是占筮，占一事的成败吉凶。中国文化，从根起就相信天命。天命一定，该兴就兴，该亡就亡，该死就死，该活就活，变不了啦。所以，命不能算。这就跟你爷爷奶奶遗传给你的基因一样，基因排序一定，你这一辈子的小命就定了。这点，陶渊明看得最透，说“应尽便须尽，无复独多虑”。现在那些一天到晚吃保健药的，是逆天而行，会有好果子吃吗？我们年轻时，一天到晚喊革命。就社会说，命能不能革，另当别论。中国历史上的革命，都是打着顺天命的旗号，改朝换代，换换主子而已。就个人说，我觉得现在这命还革不了。等到可以改变遗传基因，那时大概就真的能革命了。所以，你老爹老妈的生理命运，也就是你的生理命运。你老爹老妈活多少岁，你大概也能活多少岁。鲁迅先生说嘛，你想知道你尊夫人的未来，只要看看你丈母娘的尊容就知道了。叔姬高兴道，我爹我妈都活到九十几呢！我说，那恭喜你，保养好了，你活过百岁没问题。像咱昆明人说的，可以长尾巴扫大街！

叔姬啐道，讨打么？我说，不敢，不敢！小时候斗嘴说惯了。一张嘴就来了。回正题吧。话说命虽不能革，但事是可以革的。我想，这大概是老天爷给人一点自由吧。管住你的命就行了，余下的事让你人跳腾去，高兴高兴，你才想活下去呀，老天爷也才有开心的。就像伽亚谟说的，天地是一盘棋局，我们都是坪上的棋子，任它或擒或杀，走东走西，玩罢又一一收归匣里。不然，人活着一点乐趣没有，刚出娘胎想想就气死了，老天爷可用什么开心呢？虽说谋事在人，成事在天，但也不妨反过来说，成事在天，谋事在人嘛。事既可以让人谋，也就可以让人革。所以，事情成败，也就可以占，趋吉避凶，因时因地而动，抢钱多得几两银子，抢人多得几个美女，岂不快哉！但古时候，也没今天的情报间谍系统，更没电脑计算机，只好向老天爷讨好，因为老天爷虽让人自由行事，但究竟是老天爷，对人那点小九九早就看透了，只是不说破，逗你玩。《易》就是请老天爷给咱透点儿消息的工具。所以，象数派玩《易》，才是当行本色。街上的算命瞎子玩《易》，比当今新儒家那些大师讲《易》，更加诚实认真严肃。因为人家是专款专用，那些大师讲《易》是挪用公款，假公济私，损公肥私，甚至化公为私，应该请香港廉政公署察察才是！

叔姬听了说，这是你的新发现么？我说，不敢！我没那么大胆子，是宋朝就有人这么说了。先是那个饮酒辄醉的欧阳修，他在《易童子问》中说：《系辞》之“言繁衍丛脞而乖戾”，又举出《系辞》中自相矛盾之处，说“考今《系辞》，二说离绝，各自为言，义不相通，而曲学之士牵合以通其说，而惧惑学者，其为患岂小哉！古之言伪而辨、顺非而泽者，杀无赦。呜呼！为斯说者，王制之所宜诛也。”意思就是说，《系辞》的语言罗嗦重复，乖张暴戾，自相矛盾，而那些乡巴佬式的学者，牵强附会，弥合其说，蒙蔽坑害学生，其祸患不小！古代凡是花言巧语，混淆真假，颠倒是非的，就要杀无赦！所以，编造这些说法的，就该按王制所规定的处死！欧阳修脾气温和，轻易不出口伤人。但是，《系辞》、《文言》之类劳什子的编者，竟假冒孔子名义，“以货其私”，推销自己的伪劣商品，所以，把欧阳修气得如此。后来那些以传解经的，大体都跟这差不多！另一个是大名鼎鼎的朱夫子朱熹。他说：“《易》乃是卜筮之书。古者藏于太史、太卜，以占吉凶，亦未有许多话说。及孔子始取而敷绎为《文言》、《杂卦》、《彖》、《象》之类，乃说出道理来。”“《易》所以杂读者，盖《易》本是卜筮之书，今却要就卜筮中推出讲学之道，故成两节功夫。”“《易》只是卜筮之书，……未有许多道理在，方不失《易》之本意。今未晓得圣人作《易》之本意，便要说道理，纵饶得好，只是与《易》元不相干。”他跟欧阳修有些不同，他承认《十翼》是孔子作的。但他认为这些说法跟《易》毫无关系，《易》也跟讲学之道毫无关系。朱夫子的话比欧阳修的话似乎温和些，其实更大胆。因为他的话等于说，即使《十翼》是孔子说的，那也是牵强附会，没话找话说！在孔老夫子被咱们儒生和帝王们抬到吓死人的高度的时代，敢说这样的话，岂非大逆不道！朱夫子确实够大胆的！光凭这一点，咱也得对朱夫子脱帽致敬！不过，你别以为姓朱的都像朱夫子这样有见识。哪怕是朱夫子的后裔讲《易经》，有时也在那里屎里觅道。

叔姬说，怎么屎啊尿的，脏死了！我说，对不起，忘了你们女生爱干净了。不过，这是庄子带头说的，不怪我。有人问庄子，道在何处？庄子告诉他，道无所不在，甚至于在屎溺之中。我小时不明白。后来大了，做过农村工作，逐渐懂了。过去农村用有机肥，现在方便，都用化肥了。最好的莫过于尿素。这尿素怎来的呢，不就是化学家们在咱的尿里觅出了道，受了启发，摹仿制作的吗？这不就是道在屎溺吗？不过，这种道似乎低档了些。因为它只属于自然科学，而自然科学比咱中国的仁义道德要低好几个档次。咱新儒家的泰斗牟宗三大师像孔圣人“晚而喜易”一样，中年而喜数理逻辑，学了——对不起，说错了，是“序”或者说“赞”了罗素与怀特海的《数学原理》，竟把形式逻辑里的“真理的内涵与外延”，改成

"内涵的真理"与"外延的真理"。又说，内涵的真理比外延的真理高。然后说，咱儒家的仁义道德就是"内涵的真理"，洋鬼子的自然科学只不过"外延的真理"而已！我按照牟圣人的最高指示一想，呸，你化学家研究出尿素，那不过只是践了外延真理之形而已，太低档了！不过，咱儒家这仁义道德的内涵真理怎么体现在屎里呢？也怪咱小人（即夏商周三代的普通大众）不能喻于义，百思不得其解。后来，大概是圣人在天之灵看我心诚吧，开恩给了个天启。有次在农村看见一只鸡屙了泡屎，几头猪竟围上来抢了吃。我一下子恍然大悟：呀，这不就是《系辞》里说的"天地之大德曰生"吗？鸡屙屎，新陈代谢，生命日新日又新，这就是"生生不息之谓易"。猪吃了鸡屎，得了营养，长得更壮，这岂不是"天地之大德曰生"吗？所以，后来我每次在农村屙野屎，鸡啦，猪啦，狗啦，都围上来等着，我心里就满受用，觉得自己具备好生之大德，体现了天地之大德，"德可配天"了！从屎里能觅出仁义道德来，我那高兴劲儿，就像庄子的庖丁一样，为之四顾，为之踌躇满志，觉得自己可以厕身于圣人弟子三千之列，甚至七十二贤也说不定呢！不料有次想去图书市场上刨点儿降价书，一看，什么易的人生智慧啦，宇宙玄机啦，说得天花乱坠，比我说的玄多了，高多了，让我自惭形秽。可也真把我心里伟大的民族自豪感凑得热烘烘的，煞是受用。你看，我是不是有点儿喻于义的君子之风啦。不过，后来按照"读点鲁迅"的最高指示，我读了点鲁迅的书，差点儿把我气死。他话里话外的居然说，"屎里觅道"不怎么，没啥了不起，甚至有点儿那个。你说，这不把我辛辛苦苦"朝闻道夕死可也"的满足感都泻没了吗？所以，有人说这老头子尖酸刻薄，我举双手赞成！谁叫他把咱这可以配天之德说得狗屎都不如呢！

不过，后来我见到吉普赛女巫的水晶球，拿了跟咱的八卦一比，不知怎的有点儿泄气。咱那八卦只是个八角平面图，在二维空间里，还比不上一个圆。人家的水晶球呢，属于三维空间。光讲维度属性，就高咱一头。还是球体，宇宙间最优美、最神秘的形状，按外延真理几何学的常识也能知道，里边藏的玄机比咱多去了！再加上通体晶莹皎洁，不遮遮掩掩，不躲躲藏藏，可又能预示种种天机，岂不更玄？咱那纸上笔画的，地上树枝画的，跟人家一比，不是毛泽东主席说的叫化子跟龙王爷比宝吗？可是，咱不能在吉普赛女巫面前低头！为什么？不为什么，只要说她是老外，是无国之民，是流浪者，是叫化子就行了。岂像咱的太极八卦，宇宙大道理，人生中道理，发财小道理，赌博嫖娼花花道理，全在里头！而且，最重要的，因为这是咱老祖宗的发明，是天朝大国的发明！谁敢不服？自己人不服就是忘了老祖宗！忘了老祖宗就该灭九族！老外不服就是冒犯天威，冒犯天威就要虽远必诛！20 世纪老美阔气了一把，21 世纪也该咱阔气一把啰！靠什么阔气呢？就靠咱的国学，靠咱的《易经》！不过，说到这儿，我可要私下告诉你，有个问题我还没完全想好该怎么解决。叔姬说，什么问题？我说，那就是鲁迅老头子说过："《论语》可曾感化了德国兵？《易经》可曾咒翻了潜水艇么？"从鸦片战争开始，咱这《易经》啦、《消灾经》啦什么的，确实有点整不过洋鬼子的洋枪洋炮。这就给鲁迅老头子撑了腰。咱玩国学、玩《易经》的，怎么才能把鲁迅这老头子以及一干"五四"孽障骂倒呢？叔姬说，好办。咱现在顶礼膜拜的大文豪，很有几个是当年被鲁老头子骂成"丧家的资本家的乏走狗"，咱把这些"大文豪"的"粉丝"们召集起来，再加上海外那些新儒学大师，也就是那些靠着洋鬼子的金钱撑腰，咒骂五四精神的大师，里应外合，把什么"数典忘祖"啦、"忘本"啦、"挖断中华民族龙脉"啦之类的罪名，一股脑加到他们头上，还怕骂不倒他们吗？把他们一骂倒，咱国学就能威风起来，咱玩"群经之首"的，就威风上加威风啰！

到图书馆找书怎么找（一）

叔姬说，弯子绕了不少了，课时费也骗了不少了，该入正题了吧？我说，话怎么说得那么难听？咱文明古国，礼仪之邦，小偷掏你的腰包都说是“借”，大学里放学生到街上闲逛叫“社会实践”，我这给你讲得唇焦舌燥，你居然说是骗，太，太……叔姬打断说，得，得，这几句废话又占了多少课时？再不说正题，今天的课时不算数！我说，好，好，这就入正题！上次说到哪儿啦？叔姬说，就如有个学姐来找我算卦，我怎么查找？

我说，你到图书馆借书，怎么查找？叔姬说，先查目录索引呀！我说，这不就结了吗！查找《易经》也是如此。叔姬说，具体点儿说。我说，查图书索引最要紧的是查什么？叔姬说，查书号呀！我说，不查书号行不行？她说，不行。我说，为什么？她说，不好找呀。我说，怎么不好找？她说，你有病了是吗？那一屋子书，上百万册，我怎么找呀，找到姥姥来那天也找不到呀！我说，是了。你先找到书号——哟，不过，比方说，你要找有关《易经》的书吧，是不是先找“易”这个字呀？她说，别罗嗦，那我懂。课时你已经占不少便宜了，你就说书号吧。我说，这《易经》的书号还真有点罗嗦。国际书号没有算卦算命这个分类，咱有些图书馆拿着这类书没办法，有的就归入哲学，书号首字是 B，有的归入哲学下一级，便是 B9，有的编码人员不知归入哪一类，那就要看你的运气了。叔姬说，别废话，快说书号跟《易经》查找的关系。我说，这就到啦！比如说，你在咱图书馆找到某本有关易经著作的书号是 B9 · 41 · 3 – 1 下一步怎么办？叔姬说，写个条，交给图书馆管理员，她去替我找来。我说，她怎么找呢？叔姬说，你又在磨时间了是不？讨打吗？我说，不是，不是！这叫思维有逻辑性嘛。好，比方说，你自己拿着书号进书库去，是不是先找到“B”这一大类？然后找到B9，再找到B9下的41，再找到41后的3，后面那1嘛，就别废话了。这本书就赫然呈现在您大小姐面前了。叔姬说，是呀。《易经》呢？我说，同样道理呀，《易经》那六十四卦卦象，其实就是古代《易经》的图书编号。过去把这卦象说得神乎其神，什么宇宙万象啦，什么天地之始啦，什么阴阳二仪啦，什么男女生殖器啦，其实就是图书编号。叔姬说，没人这么说过。我说，开始编《易经》那些人谁说啦？现在那些说法多半是秦汉以后的儒生吓唬人编的。其实，你想啊，如果我是殷商时代的太卜，纣王的姨太太妲己凤体欠安，纣王要我卜上一卦，或是占上一卦，以看吉凶。我怎么办呢？我得找出一条说词来呀。如果那时《易经》已有六十四卦，而且像现在已有四百五十条卦爻辞。我该找那一条呀？而且，就算我知道该找那一条，可是，一大堆龟甲、兽骨或是竹简堆在那儿，我可怎么找啊？三两下找不出来，丢脸不说，纣王一不高兴，轻了叫我下岗，重了叫我上炮烙，受得了吗？于是，我起码得想个容易查找的办法呀。多亏在天太卜太史之灵保佑，办法终于被我想出来了。那就是：把这些刻有繇辞的龟甲啦、兽骨啦或是竹简啦编号。简单点儿说，就以竹简为例吧，我把竹简分了类，每一类里再编上序号，然后把同一类的按次序放在一起。等我要查找那一条繇辞时，按图索骥，手到擒来。纣王一看我，惊叹道：“真鬼哪（那时还不兴有神呢）！”他一高兴，说不定提我为国家决策委主任呢！

叔姬说，就算你说得对吧，可编号怎么不用1、2、3、4……0，而是用什么阳爻⚊、阴爻⚋呢？我说，这1、2、3、4……0叫阿拉伯数字，但是印度人发明的，那时还没进贡到咱天朝大国来，咱还没用呢。《易经》中没有阴阳这类词语，我刚才已说过了。那是战国以后才叫的。在《易经》时代，咱用的还是一划、两划、三划之类，就是现在汉字的一、二、三之类。叔姬说，那干吗不用一、二、三之类呢？我说，第一，这些数字符号那时定没定型，现在说不太清。第二，六十四卦若用一划一划的画起来，那么，一根竹简不用写别的，光画划就画不下了。怎么办呢？我用其他简易点儿的符号代替一二三乃至十百千不好吗？于是，我又想呀想呀，终于让我想出办法来了。比方开始只有两根竹简，我用一划⚊代表其中一根，用两划⚋代表另一根。如果有四根呢，我就用两个一划符号重叠起来⚌标志第三根，用两个二划符号重叠起来⚏标志第四根。或者全用两个符号作标志吧，两个一划符号重叠⚌标志第一根，两个二划符号重叠⚏标志第二根，一划符号在上，二划符号在下⚎标志第三根，二划符号在上，一划符号在下⚍标志第四根。你看，我只用两个符号就可以标志四根竹简了。

叔姬说，我知道了，如果用三个符号来标志，那就可以标志八根了，对吗？这不是初等数学里的排列组合吗？我说，真聪明！可惜生晚了，早生三千年，你肯定是太太太卜或太太太史了！那你把它们排列一下吧。叔姬在纸上用笔画了一阵，拍手道：好呀，我把八卦排出来了：

☰	☱	☲	☳	☴	☵	☶	☷
乾	兑	离	震	巽	坎	艮	坤

我刚想插一句，不料叔姬接着问：可是古代的太卜太史们干吗不再添一种符号呢，比如说，加个并排的三划符号- - -，那样，两种符号就可以成九卦，三种符号就可以画二十七卦了。那不更好吗？我说，大胆！放肆！从古至今还没有人提你这种怪问题。把老师难倒，那是大不敬！不过，看在你交束修还挺大方这点上，我饶你一次，而且教诲教诲你。你想，八卦如果表示方向，那是几个方向？叔姬说，八个：东、西、南、

北、东东南、东东北、西西南、西西北呀。我说，是呀，你加上第九个方向，那算哪门子呀？咱中国人什么都讲四平八稳，讲对称，讲平衡。你搞出个个人主义的第九方向来，没人平衡它，那还得了！再说，现在发现的竹简宽度恐怕还不到一厘米，刻两划已经够难了，你三划怎么刻呀？所以，别聪明过度！牟宗三大师教导我们说，古人不比我们蠢。乖乖听古人心传就得啦！叔姬说，答不上就说答不上。东拉西扯一大堆干什么？还不是多骗点课时费！还牟宗三牟宗四的！回正题吧！

我说，好，算你厉害！那你接着想想，要是把这八个符号再加以重叠，即把三个符号增加到六个符号呢，可以标志多少根竹简？叔姬说，这不难，这是排列问题的一种，即选取可重复的两组对象的排列问题，其公式是 $C_{n}^{m}=n^{m}$（$m \geqslant n$），所以，可以标志六十四根，那就是六十四卦的卦像啦？我说，正是。现在，我们如果用文字来标志每一个卦像，这就是六十四卦的名字。然后，我们再进一步，用每一卦中的一划（即阳爻）符号或者两划（即阴爻）符号，再加上这个符号在卦中所在的位置（即从下数或者从上数它在第几根），来标志一根竹简，那么，结果就是可以标志三百八十四根竹简，对不对？再加上标志卦名的六十四根，一共就可以标志四百四十八根竹简。这样，四百四十八条繇辞便各归其位，查找起来，是不是很方便？你看我够聪明吧？叔姬说，如果编《易经》六十四卦的古人果真这样想，那确实聪明。要是你嘛，那叫弱智！我说，怎能这样说呢？是我把《易经》六十四卦排列方法给你讲清楚的啊？叔姬说，不错，这六十四卦的排列方法是你现在给我讲清的，而且六十四卦的所谓卦像的实质是繇辞的索引编号，也是你第一个说清的。但是，你如果现在说你发明了六十四卦这种图书编号方法，那你就是地地道道的弱智！这就好比一个两岁的婴儿会用手指头数数，大家就要说他是天才宝宝或者神童。而你呢，这么大把年纪也说自己会用十个手指头数数，而且能讲清十个指头数数的道理，还以为自己是天才。那你不是弱智是什么？比婴儿还弱智！不过，回正题吧。看来编《易经》的古人，管他是一个人也好，一批人也好，几代人也好，看来似乎还懂点儿排列组合原理呢。

我说，他们的聪明在古代确实值得敬佩。不过，是不是懂得排列组合原理，就不敢说了。因为天下有些事做是做了，其中道理不一定就懂，就能证明。比如大名鼎鼎的勾股定理，是咱中国人最早看出来的，但最早给出证明的，是人家古希腊的毕达哥拉斯。咱中国是到南北朝的大数学家刘徽才给出证明的。又比如圆周率，咱祖冲之给的355/113确实了不起，但他也只是验证，而不是证明。祖冲之还是大数学家，都只做到如此，上古时代编《易经》的太卜们也只是在实践中排列了这些编目，对编目符号排列组合原理并没给出什么证明乃至说明。甚至可以说，他们编目的排列组合中，有些还是不大合数学规矩的。叔姬说，举个例吧。我说，由八卦到六十四卦，是不是合乎选排列的原理？叔姬说，也可以这么说。我说，你算算八选二的选排列有多少种方式？叔姬算了一下说，唔，有点儿问题，八选二的排列方式只有五十六种，还少八种。是哪八种呢？我说，就是那八种基本卦，或者叫经卦：乾、坤、震、艮、离、坎、兑、巽。你看这八卦的卦像有什么特点？叔姬看看说，他们是由原来的三划卦象自我重叠而成的。我说，对啦！八选二的排列组合是可重复的还是不可重复的？叔姬说，是不可重复的。我说，那么，这八卦呢？叔姬说，是可重复的组合。我说，问题就在这儿。按 $C_n^m = n^m$（$m \geqslant n$），六十四卦合乎排列规则。可是，按八选二的排列方式组合，排列的不可重复性与可重复性就混淆了。当然，这不是说，不允许他们搞重复。但是，这至少说明，他们对排列组合是经验性的应用，而非科学的理解和掌握，是知其然而不知其所以然。从这点看，上世纪在长沙马王堆发现的《帛书周易》的分类排列方式，可能更接近古《易经》。比如《帛书周易》第一宫键（乾）宫是这样排列的：

帛书周易卦名：

键䷀ 妇䷋ 掾䷠ 礼䷉ 讼䷅ 同人䷌ 无孟䷘ 狗䷫

通行本易卦名：

乾 否 遯 履 讼 同人 无妄 姤

你看这“键宫”的八卦又有什么特点？叔姬看看说，它们都是把乾卦原来的三划置于上面，下面则依次加上八个基本卦的三划。我说，对啦！古代的国家政策研究室主任们就这样一步步排出了六十四卦。不过，这种重卦之说，也是春秋以后才有的，到了汉以后定型。《易经》原来的卦象也就是图书编号，原来就是六十四个，是用包括两种符号的六条号码排列成的，并没有什么八卦。所以，你刚才已经看出来，按照八选二的选排列规则，重卦只能重叠出五十六卦，而不是六十四卦。可是，就为了这点不合乎数学规矩的八卦重叠发明权，历代的易学大师还争得个不亦乐乎，你说是伏羲老爷子重叠的，我就说是文王重叠的，他更说是周公重叠的。其实，争来争去，都是凭空捏造，像鲁迅先生说的，拉大旗作虎皮，包着自己，去吓唬别人。

到图书馆找书怎么找（二）

叔姬说，这卦象好比书号是不假，可是我到图书馆找书，是先知道要找哪本书，然后才去查书号。可这占卜，我事先并不知道该找哪本书呀！我说，孺女可教也！提问题尽在点子上。占卜跟找书不同，这就是占卜能让你升官发财的秘密所在。你想，倘若来找你算卦的人都知道该找哪一卦，那他还来找你干什么！他自己翻翻卦书不就得了？叔姬说，那就快说怎么决定该用哪一卦。

我说，听我慢慢道来。其实，最早编《易经》那些国家政策研究室的主任们怎么决定该用哪一卦，那是现如今谁也说不明白的事了。现在知道的占卦方法，是春秋以后的，而且是至少到了战国时期才见诸文字的，记在《易·系辞》里：

> 大衍之数五十，其用四十有九。分而为二以象两，挂一以象三，揲（shé）之以四以象四时，归奇于扐（lè）以象闰；五岁再闰，故再扐而后挂。天数五，地数五。五位相得而各有合，天数二十有五，地数三十，凡天地之数五十有（yòu）五，此所以成变化而行鬼神也。《乾》之策二百一十有六，《坤》之策百四十有四，凡三百六十，当期之日。二篇之策，万有一千五百二十，当万物之数也。是故四营而成《易》，十有八变而成卦，八卦而小成。引而伸之，触类而长之，天下之能事毕矣。

叔姬看看说，好像明白，又好像不明白。我说，能看出不明白就是明白了。别说咱们，古今那些易学大师也没几个全看明白的，只不过不说出来罢了。叔姬说，那还怎么算卦呢？我说，一步步琢磨呗。拿了你的学费，我怎么也得装懂，告诉你一些呀。说吧，哪里不明白？叔姬说，什么叫大衍之数？我说，以后你给人算卦，爱说得多神秘就说得多神秘！不过，别骗自己就行了。虽说《系辞》是战国时期的作品，但是，“大衍之数”这个术语到底是不是战国时期用语，还很难说，多半倒像秦汉间的用语。叔姬说，不管它了，只说它的意思吧。我说，它的意思说穿了，就是自然数 1 到 10 的和。如果想用现代数学吓唬人，你就说这是“$\frac{1}{2}(1+n)n$”。“衍”的意思是“推演”。1 到 10 的自然数之和就是 55，推演六十四卦就用这些数字，因此叫大衍之数。叔姬说，《系辞》里还有什么“天一，地二，天三，地四”等等的，怎么说？我说，前面说过了，这就是咱儒家的本事：把天地万物都往人身上附会，没生命的说成有生命，没性别的说成有性别，没道德的说成有道德，祖师爷孔圣人就成了大道德，贤人们就成了亚道德，咱们小民就是没道德，活该受他们的教训。因此，没生命没性别没贵贱的数字也分成了天数和地数，天数是公的，地数是母的。公的是单，母的两半。其实，就是算术中的奇数偶数而已，故意装神弄鬼地吓人！叔姬说，那么，怎么又说大衍之数 50 呢？我说，那大概是后代人抄错了，漏写个位数的 5 字。叔姬说，大衍之数明白了。用什么算卦呢？我说，商代叫占卜，用乌龟壳或者兽骨。“卜”字就是占卜时乌龟壳上的灼痕。

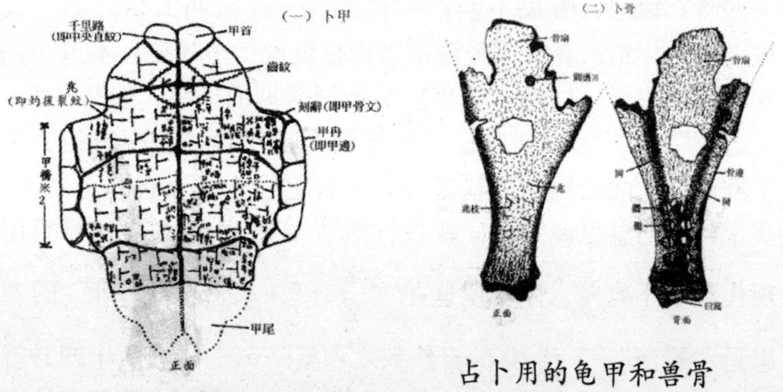

占卜用的龟甲和兽骨

（转自罗西章、罗芳贤《古代文物称谓词典》）

叔姬说，那么筮呢？我说，商代基本是渔猎游牧经济，靠海又较近，龟壳兽骨多，所以卜为主。到了周代，向农耕经济过渡，离海又远，龟壳不易得，便逐渐改用竹筒，所以，“筮”字从“竹”。后来，大约在公元前10世纪，中原地区气候变冷，竹子也少了，又逐渐改用蓍草。过去把蓍草说得神乎其神，什么有蓍草之处，上有青云，下有灵龟（这时占筮地位还不如占卜时，跟占卜套近乎，犹如今日之傍大款），一根可发百茎，可是谁也没见过。另外，蓍草还有不同规格：天子用的九尺长，卿八尺，大夫七尺，士六尺。可是，中国古代度量衡并不统一，一朝天子一朝臣，如果按传说中的商制算，9尺 =9 ×15．8cm =142cm；如果按周制算，9 尺 =9 ×22．5cm =202．5cm。不知那时蓍草是否真能长这么高，反正现在没有。

蓍草

现代蓍草，一般高度在60cm左右

叔姬说，那占筮时带不带花和叶呀？我说，天知道。其实，后来那些易学大师也不用蓍草了，改了用铜钱，或是叫人家来问卦的写字，到如今，干脆什么也不用，就用嘴皮子说个年月日时就得了，就跟照相用傻瓜相机一样。这就是马克思说的“劣币驱逐优币”，学术超女驱逐学术大师。或者换个说法，是用“人民群众喜闻乐见的”方式“为人民群众服务”。

叔姬说，别扯远了，就说蓍草占法吧。我说，古代占筮有哪些具体规矩，现在也说不清了。但现在民间的占筮还有些讲究，比如要在净室里啦，沐浴焚香啦，几案要净啦，等等，还有的说还要奏乐。但这些都是穷讲究。最主要的还是分草、揲(shé)、扐（lè）几道程序。且听我慢慢道来。首先，准备50根或者55根蓍草。第一步，从其中拿出1根或6根。叔姬说，干吗要拿走1根或6根？我说，拿走1根象征太极，万物之始嘛，这本来是道家思想，不过咱儒家硬说是咱们的原创。不过，这也是汉以后的解释。至于6根，谁也说不清。反正占筮只用49根。第二步，把剩下的49根随机分作两大把，左手一把象征天，右手一把象征地。第三步，从右手那一把即地里拿起1根。叔姬說，干吗要拿起1根？我说，有天有地了，还缺什么？叔姬说，缺人，对吗？我说，你快升堂入室了。那一根就是象征人，三才者，天地人嘛！准确点儿说，是象征圣人，有圣人参赞，天地才能化成万物嘛。叔姬说，那么，这圣人是男还是女？我说，刚夸你要升堂入室了，怎可又提些叫老师为难的大不敬的问题？圣人哪能分男女？圣人不兴有性别。好比说魏忠贤或者河莉秀，你能问他们的性别吗，只要知道人家是天下第一干爹、天下第一明星就行了。天地人俱全，就开始第四步：揲。揲就是四根一把、四根一把地数草。你不用问为什么要四根一把，那是象征一年四季。数完了，手里会有余数，1、2、3、4都可能。假定是2根吧。然后把这2根夹在左手小指与无名指之间，这就叫“归奇于扐”。有什么用呢？这是象征，象征“闰”。至于象征闰日、闰月还是闰季，谁也说不清。就算是闰月吧。左手的分完了，到第五步，分右手的。也是每四根一把，分到最后剩下的，也同样可能剩余1、2、3、4根。第六步，假定也是2根吧，同样，夹到左手中指与食指之间。这象征五年而再闰。下面是第7步，把开始拿起的那根和两次揲后剩下的蓍草并在一起放在一边，也就是淘汰了。注意，这些淘汰的蓍草只有两种数字：5或9。若不是这两个数字，那就是你前面程序出了差错，对不起，只好重来。下面用算术式表示一下：

第一步　50 -1 =49

第二步　49随机分为2把（象征天地）

第三步　24（假定右手数） -1（圣人） =23

第四步　把圣人夹在小指与无名指之间

第五步　25（假定左手数，先从天数揲起），25/4 =6 +1（余数）

第六步　把剩余的1夹在无名指与中指之间

第七步　23（右手数），23/4 =5 +3（余数）

第八步　把剩余的3夹在中指与食指之间

第九步　把圣人1和两个余数1、3合在一起，1 +1 +3 =5，淘汰

第十步　把两手揲过的蓍草合在一起，20 +24 =44

这就是占筮的“第一变”。然后用剩下的44根开始第二变，程序跟第一变一样，只是不用拿“太极”了，从第一变的第二步开始就行。用算术式表示如下：

第一步　44随机分为2把（天地）

第二步　21 -1（圣人） =20（右手）

第三步　把圣人夹在小指与无名指之间

第四步　23/4 =5 +3（余数）

第五步　把剩余的3夹在无名指与中指之间

第六步　20/4 =4 +4（余数）

第七步　把剩余的4夹在中指与食指之间

第八步　把圣人1和两个余数3、4合在一起，1+3+4=8，淘汰

第九步　把两手揲过的蓍草合在一起，16+20=36

这就是第二变。注意，第二变的余数之和，只会是4或8。否则，就是你第二变程序出错了。对不起，只好重来第二变。如果没错，就用剩下合在一起的蓍草开始第三变。

下面注意，第三变有两种方式。先说第一种，比较复杂的。第三变跟第一变、第二变一样，还是用算术式表示如下：

第一步　36（也可能是24、28、32）随机分成2把（天地）

第二步　17－1（圣人）＝16（右手）

第三步　把圣人夹在小指与无名指之间

第四步　19/4＝4＋3（余数）（左手）

第五步　把剩余的3夹在无名指与中指之间

第六步　16/4＝3＋4（余数）（右手）

第七步　把剩余的4夹在中指与食指之间

第八步　把圣人1和两个余数3、4合在一起，1+3+4=8。这回不淘汰了

第九步　把两手揲过的蓍草合在一起，16+12=28

这是第三变。注意，第三变余数之和，也只会是4或8。否则，就是你第三变的程序有毛病。对不起，你只好重来第三变。这三变的余数之和只有四种：9、8、5、4。其中，9、8是大数，5、4是小数。9或5只出现一次，8或4会出现两次。组合起来，就有以下四种情况：两多一少（9、8、4），称为“少阳”，也可记为数字“7”；两少一多（5、8、4），称为“少阴”，或记为数字“8”；三多（9、8、8），称为“老阴”，或记作数字“6”；三少（5、4、4:），称为“老阳”，也可记为数字“9”。这样，经过三次变化，就得到一卦的第一爻。宋朝大词人柳永，字“三变”，就是从“三变成一爻”来的；他又字“耆卿”，大概就是“蓍卿”变来的，都跟占筮

有关。这一爻如果是少阳，就记为“—”；但若是老阳，就记作“□”。如果是少阴，就记为“--”；但若是老阴，就记作“╳”。每卦有六爻，那么，要求得一卦，就要经过十八次变化。所以说，十八变而成卦。

第三变的第二种方法简洁一些：直接用第二变剩下的蓍草进行揲，因为这些剩下的蓍草数目有四种：24、28、32、36，所以，揲的结果也有四种：6、7、8、9。6是“老阴”，7是“少阳”，8是“少阴”，9是“老阳”。老阴和少阴都用“--”表示，老阳和少阳都用“—”表示。同样，六爻也要经过十八变而成，才能构成一卦。比如六爻的数字分别是6、7、8、9、9、9。那就是坎下乾上组成的“讼”卦。

你到图书馆要查的那本你不知道的书就这样查出来了。不过，求一卦也可能比这还要复杂得很多倍，因为《系辞》在“十八变而成卦”这句话后面，还有一句话，叫做“八卦而小成”，承接前一句“十八变而成卦”的句式看，似乎还要经过八次这样的变化，即再成八次卦，才能是“小成”呢！如果那样，那么，求一卦真是要人的命了！大概这个推论太可怕了，所以，从古到今的易学大师们在这句话面前都“王顾左右而言他”。

听到这里，叔姬说，算卦这点钱还真不好赚呢！光是那个“扐”，也就是把圣人或者余数的蓍草夹在指间，就难死了。如果我是太卜，为大王占筮，用的是9尺长的蓍草，我站起来也没它高呀，可怎么挂呢，莫非坐在楼上挂到楼底下？我说，是呀。其实，扐不扐，我看都无所谓，拿了放在旁边又会碍着谁呢？不过，若不搞得这么叫人头晕，来问卦的人肯出大价钱吗？所以，农村老太太扳着手指头算命，只能挣两个鸡蛋；易学大师用蓍草占筮，则日进斗金哪！

叔姬说，你前边不是说，还有些更傻瓜的算卦法吗，说来听听。我说，第一种是“金钱卦”，现在有人叫“掷钱法”。用三枚通洞钱，或者铜板，或者硬币，或者半开，或者袁大头（铸有袁世凯头像的银元），或者孙大头（铸有孙中山头像的银元），或者什么只要有正反面的劳什子，随手一丢，落在地上，看它们的正反面数目。原理跟蓍草占的第三变一样，只要记住正面为阴，背面为阳。两正一背，即两阴一阳，是“少阳”，也可记为数字“7”；两背一正是“少阴”，也可记为数字“8”；三正是“老阴”，也可记为数字“6”；三背是“老阳”，也可记为数字9。这就是初爻。如法炮制六次，一卦就成了。你看，够傻瓜了吧？

叔姬说，还有呢？我说，今天是哪年哪月哪日？叔姬说，2008年9月11日。我说，现在几时？叔姬看看手机说，下午5点。我说，好了，那该是《比》卦。叔姬说，这么快！我说，要不说我道行深呢。叔姬说，快说究竟！我说，那……那……叔姬说，好了，今天课时费加倍！我说，是这样，你先把公历年月日时转换成天干地支，其实只要转换成地支也就行了。2008年是戊子年，9月是辛酉月，11号是甲寅日，下午5点刚进酉时。这里的地支排序都是从一到十二。先求上卦，方法是年加月加日除以八，八卦嘛，当然得除以八。然后求下卦，方法是年加月加日再加时，也是除以八。子年是1，酉月是10，寅日是3，酉时也是10。

先求上卦：$1+10+3=14$

$14/8=1$ 余 6

余数就是八个单挂中上卦的序数，八个单卦的排序，按照伏羲派的排法是：乾、兑、离、震、巽、坎、艮、坤。现在余数是6，那就是《坎》卦。

☵

然后求下卦：1 + 10 + 3 + 10 = 24

24/8 = 4 恰好除尽，余数就是 8，那就是《坤》卦

☷

上坎下坤䷇，就是《比》卦。怎么样？老师道行深吧？叔姬说，呸，我还说有多神秘呢，原来是傻瓜算法！我说，不错，就跟傻瓜相机似的。不过你今天就是当了傻瓜，得付两倍课时费。不过，你也不是白付，将来你出师了，就这样去收拾那些老公升了官发了财来找你算卦的傻婆娘。

找到书以后看哪一页

叔姬说，其实我看这些都罗嗦，假如我哪位师姐来找我算算她的那一半，我叫她随便说个数字，就决定用哪一卦了，岂不更痛快？我说，跟你师姐可以这么做，跟外人呢，随便一说便成卦，“芝麻芝麻开门，钱包钱包开门”就不灵了。叔姬说，好了，找到卦了，可每一卦卦爻辞加在一起有7条哪，我该用哪一条呢？好比找到了书，可是该查哪一页呀？我说，骗你这点课时费真不易，想多绕两句弯子都不行。逼宫一下就逼到龙座跟前来了。叔姬说，言归正传，废话少说！

我说，你先得明白每一条卦爻辞的名字，才好找它。就像我到你家，叫你姐姐给我倒杯水，我得先知道她是孟姬或者仲姬，对不对？叔姬说，美得你！要我姐姐给你倒水！给你洗脚水吧！我说，不过一比方，你就妄动无明之火，小心中风嘴歪不好看（叔姬一杯水泼过来）。好了，好了，是我嘴歪不好看！叔姬喝道，快说正经的！我说，是，是。话说现在都把每一卦的六爻排了次序，从下往上，分别是初、二、三、四、五、六，不过第六爻不叫“六”，而叫“上”。叔姬说，干吗从下往上排？我说，按汉朝以后一些大师的规矩，六十四卦每一卦都由上下两卦组成，下卦是内卦，上卦是外挂，又叫本卦和之卦，或者本卦和变卦。叔姬说，为什么不倒过来叫呢？我说，树是从下往上长，还是从上往下长？人是往高处走，还是往低处走？叔姬说，当然是从下往上，从低往高了。我说，照呀！所以，爻的顺序就得从下往上排。叔姬说，谁说的？有典吗？我说，我说的，典出本大师。叔姬说，那没法律权威性。我说，吾土吾民哪朝哪代真讲过法律呀？连国家名字都是一朝一换。没听过“成者为王败者为寇”吗？一个验土石方的管了教育，三天两头搞高校验收，验得学校鸡犬不宁，宪法上写了吗？叔姬说，再瞎扯扣课时费！我说，好了。这六爻次序排定了，再分阴阳，阴爻用“六”表示，阳爻以“九”为名，把他们这性别放在序数词前边，就是初九或者初六，九二或者六二，如此往上类推。比如屯卦六爻，依次叫“初九”、“六二”、“六三”、“六四”、“九五”、“上六”。

叔姬说，可是我看《左传》里好像不是这么叫的，就在你上回引用的魏宪子见龙那一段里，就叫什么

“《乾》之《姤》，曰：‘潜龙勿用。’其《同人》曰：‘见龙在田。’其《大有》曰：‘飞龙在天。’其《夬》曰：‘亢龙有悔。’其《坤》曰：‘见群龙无首，吉。’《坤》之《剥》曰：‘龙战于野。’”

没叫什么初九、六二的呀！我听了赶忙说，以后别人问起你这说法，你要特别声明这是老师我教给你的！记住啦（用现在时髦的台湾话说，是“记得啦”）！叔姬说，为什么？我说，易学大师们从来都不懂这个秘密，是老师我第一个教给你的，对不对？叔姬说，好像是我先说的嘛！我说，你先说也是我教给你的！叔姬说，别烦了，就算你第一个说的，快往下说究竟。我说，方才跟你说了，那什么本卦啦、之卦了的，是汉以后才出现的说法。初九、六二之类的爻名，也是汉以后才弄出来的。其实，在春秋以前（用现在填表的术语说，是“含春秋”），上推到卦开始有卦名的时候，每一卦的每一爻也是用六十四卦卦名来称呼的。比如你刚才说的，乾卦的第一爻不叫“初九”，而叫“《乾》之《姤》”；“九二”不叫“九二”，而叫“《乾》之《同人》”；“九三”不叫“九三”，而叫“《乾》之《大有》”；“九四”不叫“九四”，而叫“《乾》之《夬》”；“上九”不叫“上九”，而叫“《乾》之《坤》”。那个“之”字，是结构助词“的”，而不是动词“到”。所以，下面的“《乾》之《同人》”就简化为“其《同人》”，用物主

代词“其（它的）”，代替了“《乾》之”。可是，汉儒中不少人跟今天的新儒一样，大学语文没过关，学了“之”字有“到”的意思，就到处乱用，把“《乾》之《坤》”想成“《乾》到《坤》”，于是就弄出什么本卦、之卦，本卦、变卦的说法来了。叔姬说，那么，比如说，《乾》卦第一爻为什么叫“《乾》之《姤》”呢？我说，你把《乾》卦的初爻由“九”，也就是一划，变成“六”，也就是两划，你看《乾》卦变成了哪一卦？叔姬看了看说，变成了《姤》卦。我说，对了，初爻一变，《乾》卦成了《姤》卦，所以，这一爻就可以叫做“《乾》之《姤》”。而且，这个名字说明这一爻的爻辞就是你要查的那一页书了。叔姬说，那么说，如果算到“《乾》之《同人》”，就该查看《乾》卦第二爻的爻辞了。我说，正是如此。《左传》记载的那些占筮事例所说的“遇某卦之某卦”，就是告诉你查看某卦的某一条爻辞。比如《左传·庄公二十二年》载：“周史有以《周易》见陈侯者，陈侯使筮之，遇《观》（䷓）之《否》（䷋）。曰：“是谓‘观国之光，利用宾于王。’此其代陈有国乎。”现在的观卦六四即“《观》之《否》”。这一爻名为“《观》之《否》”，但用以占断吉凶的仍是《观》卦六四的爻辞，证明“《观》之《否》”是观卦第四爻的名字。叔姬说，相较而言，这种名字没有“初九”、“六四”之类好记。我说，确实。人类天性，自然是要避难趋易。叔姬说，那么，这些史巫究竟怎么以占筮决定用哪一爻，比如这个例子里，他怎么占出应该用观卦的六四，而不是用其他爻呢？

我说，春秋以前的占筮如何决定用哪一爻，现在无人知道了。甚至《系辞》也语焉不详。现在的决定方法还是汉以后才流行的。主要是由六爻之中的变爻决定。在占筮中，凡是属于“六”和“九”的爻，都叫变爻，意思是会变化的、必定变化的爻。原因是“六”、“九”的属性是“老阴”和“老阳”。“人老奸，马老滑”，不换不行，所以现在咱们的资本家不跟职工签九年以上的合同，要了《劳动法》一把。人老而死，物老而毁，躲也躲不了。所以，老阴老阳须变宜变也必变。那么，占断吉凶的爻辞就由变爻决定了。刚才引用的《左传》的《观》卦六四就是老阴，是变爻。所以，这一卦的吉凶就由六四的爻辞决定。叔姬说，一卦只有一个变爻吗？我说，按照汉以后的大师们的教导，不一定。比如刚才你说的《乾》卦䷀，初爻变就是《姤》䷫，二爻变就是《同人》䷌，三爻变是《履》䷉，四爻变是《小畜》䷈，五爻变是《大有》䷍，六爻变是《夬》䷪。这是一爻发生变化。如果初爻、二爻都变就是《遯》䷠，初爻、三爻变就是《讼》䷅。这是两爻发生变化。还有三爻变化的，《乾》的初爻、二爻、三爻都变就是《否》䷋。

叔姬说，一爻变化好决定，如果两爻、三爻或更多爻变化，怎么决定用哪爻呢？我说，古代的方法已经不清楚了。现在用的方法是宋朝那位不太吹捧《易经》的明白人朱熹朱大师和他的高足蔡元定一起，从古籍里归纳出来的。不过，我有时候怀疑，是不是蔡元定先找出来的，朱大师在头前挂了名，就像咱现在研究生写的大作，第一个落名的却往往是他的导师。以后你写了什么划时代的大作，第一个作者名也要落我哦！叔姬说，那要看我那时高兴不高兴了。你先说正经的。我说，朱大师教导我们说，1、只有一个变爻，即六个爻中只有一个爻是“九”或“六”，其余的不是“七”就是“八”（这个道理下面不再说了），就用本卦变爻爻辞占断吉凶。2、有两个变爻，还是用本卦爻辞占断吉凶，但以位置居上那一爻为主。3、有三个变爻，就不能用爻辞占断，而用本卦和变卦的卦辞占断吉凶，以本卦卦辞为主。4、有四个变爻，就反客为主，反变为本，用变卦的两个不变爻的爻辞占断吉凶，当然还是以位置居上那个为主。5、变爻有五个，同样反变为本，用变卦的那个不变爻的爻辞占断吉凶。6、变爻有六个，彻底反客为主，鸠巢鹊占，用变卦的卦辞来占断吉凶。但有两个例外：一是《乾》卦六爻都是“九”，全是“老阳”，该死的老头子，就不用变了，统统活埋。《乾》卦有七条爻辞，第七条的标签是“用九”，大概是小帅哥吧，就是供你这时候用的。二是《坤》卦六爻都是“六”，全是“老阴”，看了恶心的老婆子，也不用变了，统统——不能往下说了——坤卦跟乾卦一样，多一条" 用六"，大概是“MM”，也是供你这时候选美用的。7、六爻全是“七”或“八”，不是“少阳”小帅哥，就是“少阴”小美女，都只顾玩儿，不爱管事，你有事就找他们的队长——本卦的卦辞。

莱布尼茨、茹尔丹和马克·吐温

这天，我跟叔姬说，今天咱们讲讲科学易。叔姬说，什么科学易？我说，就是用现代科学研究阐释《易经》啦！叔姬睁大眼睛看着我说，用科学研究阐释《易经》？你是不是有病了？我说，放肆！怎么能这样对老师说话？现在科学易成就非凡，听说了吗？叔姬说，我只知道热闹非凡，不知道成就非凡。我说，什么意思？叔姬说，没什么意思。就好比出门不远那个农贸市场，都有卖什么的？我说，什么都有啊，从专供加加林的金枪不倒，到包你一闻就死的自杀灵丹，再加上自动喇叭吆喝，还加上人贩子的人肉试验，真是热闹非凡！叔姬说，对了，农贸市场热闹非凡，可是有什么成就吗？我说，有啊！从政治学角度说，安定了民生；从经济学角度说，繁荣了市场；从生物学角度说，体现了生物多样性；从文化学角度说，……没等我说完，叔姬说，从盗窃学角度说，上学期我在农贸市场丢了一个旅行箱，后来听盗窃专家说，是被人家用大箱子套去了。我说，什么意思？叔姬说，什么意思？你那科学易就好比小偷的大箱子，把人家小箱子一套，拎起一走，人家东西就成你的啦！我找你学易经，是看你在国学方面还能糊弄糊弄人，你今天倒跟我吹起科学来了！告诉你，本姑娘的自然科学道行比你深，你别班门弄斧啦！

我说，你的修养有多深？能深过德国人莱布尼茨吗？叔姬说，我深不过他，他提出了二进制数学思想，怎么啦？我说，人家莱布尼茨都说，咱易经也是二进制哪。我听了心里都美死了。你 18 世纪才弄出二进制来，咱老祖宗公元前一千多年就在用二进制了，早了三千多年。你想想，三千多年哪！你说咱脸上光彩不光彩，腰板硬不硬？叔姬说，呸！你来吹这个呀，真是老不要脸！我说，该死！说国学科学大师老不要脸，成何体统，成何体统！叔姬说，好啦，今天课时费加三成，算我向你道歉，行了不？我说，这听去还像句人话。不料叔姬接着说，那我向你请教，什么叫二进制呀？我说，二进制，二进制，二进制那不就是……不就是……不就是……叔姬说，说呀！我说，你都懂了，还要我说什么呀？叔姬说，我不懂，才向你请教，你是老师，拿了课时费，不回答学生问题，课时费可是要倒扣的哦！我一着急，赶忙说，二进制不就是一二一二进制吗？叔姬说，你干脆说咱大学生军训正步走得了，一二一，一二一！现在哪些玩科学易的大多跟你一样，要就是压根就不懂科学，要就是像隔壁那所理工大学某教授一样，玩科学易经取名赚人钱财！我说，那莱布尼茨呢？叔姬说，莱你个头！莱布尼茨那是害了单相思，乱点鸳鸯谱。莱布尼茨当年悟出了二进制，可很多人不了解，不接受，莱布尼茨急于要人承认，要找个应声虫造造声势，恰好有个半通不通的来华传教士，告诉他中国的八卦，他一看，就像你们那些色中饿鬼，急色症犯了，见个老母猪都会义无反顾地勇往直前，直扑八卦阴爻而去……我大喝道：凌迟处死！胆敢侮辱长者，侮辱圣贤！叔姬说，圣贤是你这些腐儒概念。人家西方人除了上帝，谁也不怕。莱布尼茨正是为了证明上帝的伟大，不仅管着西方，还管着咱东方，才说八卦阴阳爻是二进制。懂吗？我说，可是咱们好些个数学家都说莱布尼茨说得对呀，感动得差点儿涕泪纵横哪！还说咱要不赶快用现代科学研究阐述《易经》，那就对不起老祖宗啦！叔姬说，读过莫里哀的《醉心贵族的小市民》没有？我说，读过，怎么啦？叔姬说，暴发户茹尔丹先生为了附庸风雅，请了个语文大师来教他说话，对不对？我说，是呀。叔姬说，那位语文大师问茹尔丹先生，是先学韵文呢，还是先学散文。茹尔丹先生问，何谓韵文，何谓散文。那位语文大师说，韵文嘛，好比合辙押韵的顺口溜；散文嘛，就好比茹尔丹先生每天说的话。茹尔丹先生听了这话有什么反应？我说，茹尔丹先生感动得差点儿哭起来，说，“啊呀，啊呀，承蒙您指教，我说了四十年散文，还不知道自己说的是散文哪！”叔姬说，对呀！咱是不是也该感激零涕向莱布尼茨说：“啊呀，啊呀，承蒙您指教，我三千年前就用了二进制，还不知道自己用的是二进制哪！”

我说，你这话不是味儿，好像说咱天朝大国子民是茹尔丹似的。叔姬说，要是还就好了呢！其实还不如茹尔丹！你想啊，人家茹尔丹好歹说的还算是散文吧，就是“散开来说的文”。可咱这一划两划的是什么？充其量就是甲骨文和金文中的“七（）”、“九（）”和“六（）”、“八（）”。一卦里的六爻名字叫“初九”、“九五”、“六二”、“六四”什么的，你听谁叫过“1 九”、“0 二”的吗？皇帝老倌儿的“九五之尊”，你敢说成“一五之尊”吗？皇帝老倌儿不把你灭门九族才怪！这一划两划跟二进制有什么关系？二进制是一种数字计算进位体系，跟咱中国的十进制、南美洲人的二十进制、古闪族和巴比伦人的六十进制一样。咱的十进制满十进一，可这新的“一”，已不是原来的“一”了，而是它的十倍。二十进制，满二十进一，但这“一”已是原来的“一”的二十倍了。六十进制，你天天在用，六十秒合多少？合“一分”。这“一分”难道是“一秒”吗？它是“一秒”的六十倍！可你那一划两划呢，充其量也就是从甲骨文金文的“六七八九”演变成一种排列符号，再排也是一划两划。一个是数字进位体系，一个是简单的排列组合！懂吗？你别干瞪着眼睛看着我。我知道，说了你也不明白，对牛弹琴。你这些腐儒（还没说你是骗子儒呢），只懂功名利禄，讲什么自然科学！再说啦，如果二进制是你发明的，你干吗几千年不用啊？从伏羲老爷子到周文王，从孔夫子到孙中山，谁用过二进制啦？如果你这一划两划也叫二进制，那么，一粗一细、一长一短、一方一圆、一横一竖、一上一下、一前一后，一大一小、一黑一白、一老一少、一个睁眼瞎一个闭眼瞎、一个大老婆一个小老婆也叫二进制了！你们一天到晚宣传莱布尼茨说阴爻阳爻是二进制，怎么不宣传宣传莱布尼茨以后，西方许多数学家经过多年研究证明，阴爻阳爻跟二进制毫无联系！

我说，不跟你乱什么二进制了。可是我还知道八卦是函数哪！叔姬说，说来听听。我说，有位大数学家研究出来了，咱的八卦其实是函数。阳爻的函数是 x^2，阴爻的函数是 $-x^2$，随便举一卦，比如《乾》卦，它的函数式就是 $y=f(x)=x^2+x+1$。叔姬看看说，函你个头！你懂什么叫函数吗？我说，函数……函数……函数就是装在函套里的数啦。叔姬说，不懂就别瞎扯！函数式表示一个非空数集和一个……看你又干瞪眼了，不明白了，是不是？好吧，换个简单说法，函数式表示两个变量的关系。比如你刚才举的例子中的 y 和 x 是两个变量，y 和 x 有对应关系，y 的值随着 x 的变化而变化，我们就把 y 叫做 x 的函数。x 叫自变量，y 叫因变量。你往 x 里代入不同的数值，y 的数值也会跟着变化。可是，你现在往你这个什么狗屁函数式里代入一些数值看看，你代进去1、2、3……，出来的是3、7、13……这3、7、13……是你的《乾》卦吗？我说，那我不代什么数进去不行吗？叔姬说，你不代什么数进去，这个式子就是个不能变的、死的式子，那还叫什么函数式？就算你可以不代什么数进去，可你那式子表示什么意思呀？总不能抱着个怀了猪崽的老母猪说是函数式吧？

我说，先生今天对数学不感兴趣。先生今天想从化学里给你指点一下迷津！叔姬说，没看出来，你还懂化学啦？我说，岂止懂！道行深着哪！听过元素周期表吗？叔姬说，不就是俄国大科学家门捷列夫制定的元素周期表吗？我说，这个什么什么列夫，其实是在咱八卦原理指导下搞出这个表来的。让你开开眼界：

000000	Xe 氙 54 Sm 钐 62 100000 乙未(32)	Ca 钙 20 Pa 钯 46 010000 己卯(16)	Pb 铅 82 Cf 锎 98 110000 辛亥(48)	Be 铍 4 Co 钴 27 001000 辛未(8)	Te 碲 52 Gd 钆 64 101000 癸卯(40)	Zn 锌 30 Hg 汞 30 011000 丁亥(24)	Ha 𬭊 105 (Ns) 111000 己未(56)
He 氦 2 Zn 锌 30 000100 丁卯(4)	Ba 钡 56 Eu 铕 63 100100 己亥(36)	S 硫 16 Ag 银 47 010100 癸未(20)	Lr 铹 103 110100 乙卯(52)	Ar 氩 18 Ru 钌 44 001100 乙亥(12)	Hg 汞 80 Bf 锫 97 101100 丁未(44)	Ge 锗 32 Lr 铱 77 011100 辛卯(28)	Tm 铥 69 Ma 钔 101 111100 癸亥(60)
O 氧 8 Fe 铁 26 000010 乙丑(2)	Cd 镉 48 Tb 铽 65 100010 丁酉(34)	Si 硅 14 Rh 铑 45 010010 辛巳(18)	Po 钋 84 Cm 锔 96 110010 癸丑(50)	C 碳 6 Cu 铜 29 001010 癸酉(10)	Rn 氡 86 Pu 钚 94 101010 乙巳(42)	Sr 锶 38 Pt 铂 78 011010 己丑(26)	Ho 钬 67 ES 锿 99 111010 辛酉(58)
Ne 氖 10 Ni 镍 28 000110 己巳(6)	Sn 锡 50 Dy 镝 66 100110 辛丑(38)	Kr 氪 36 Os 锇 76 010110 乙酉(22)	(?)107 110110 丁巳(54)	Mg 镁 12 Cd 镉 48 001110 丁丑(14)	Da 镭 88 Am 镅 95 101110 己酉(46)	Se 硒 34 Au 金 79 011110 癸巳(36)	O 氧 8 Fe 铁 26 111110 乙丑(62)
Li 锂 3 Sc 钪 21 000001 甲子(1)	I 碘 53 Na 钕 60 100001 丙申(33)	K 钾 19 Zr 锆 40 010001 庚辰(17)	Au 金 79 Pa 镤 91 110001 壬子(49)	H 氢 1 Cr 铬 24 001001 壬申(9)	Ti 铊 81 Ac 锕 89 101001 甲辰(41)	As 砷 33 Ta 钽 73 011001 戊子(25)	Bf 𬬻 104 111001 庚申(57)
B 硼 5 V 钒 23 000101 戊辰(5)	Cs 铯 55 Pm 钷 61 100101 庚子(37)	Ga 镓 31 Lu 镥 71 010101 甲申(21)	Yi 镱 70 No 锘 102 110101 丙辰(53)	Ci 氯 17 To 锝 43 001101 丙子(13)	Bi 铋 83 Tu 钍 90 101101 戊申(45)	Cu 铜 29 W 钨 74 011101 壬辰(29)	Li 锂 3 Sc 钪 21 111101 甲子(61)
N 氮 7 Mn 锰 25 000011 丙寅(3)	Sb 锑 51 Ce 铈 58 100011 戊戌(35)	Na 钠 11 Mo 钼 42 010011 壬午(19)	(?)108 110011 甲寅(51)	Ai 铝 13 Y 钇 39 001011 甲戌(11)	At 砹 85 U 铀 92 101011 丙午(43)	Rb 铷 37 Hf 铪 72 011011 庚寅(27)	(?)106 111011 壬戌(59)
F 氟 9 Ti 钛 22 000111 庚午(7)	Ag 银 47 Re 镨 59 100111 壬寅(39)	Br 镍 35 Re 铼 75 010111 丙戌(23)	Er 铒 68 Fm 镄 100 110111 戊午(55)	P 磷 15 Nb 铌 41 001111 戊寅(15)	Fr 钫 87 Np 镎 93 101111 庚戌(47)	Ln 铟 49 La 57 101111 甲午(31)	111111 (63)

化学元素周期表演变的化学元素八卦

叔姬看看说，我把你个老不要脸的！你可真是在玩街痞子的“八卦”了！我让你看看什么叫化学元素周期表：

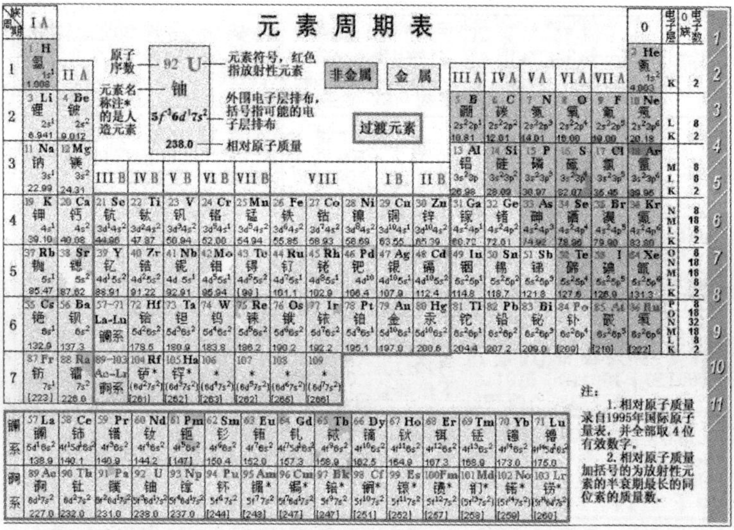

我看看说，什么乱七八糟的。不像咱那八卦排得满满的，儿孙满堂，多红火，多和谐呀！“100000”之类二进制符号，多时髦呀！既有咱优秀的民族文化传统，又有现代科学知识！你看你那什么列夫的表，上面三行断子绝孙的，肯定是不讲三纲五常，不懂君臣父子夫妻兄弟，才弄得绝后没香火的！叔姬说，你以前引用俄国谚语说，一个傻瓜提的问题，二十个聪明人也回答不了。我看呀，一个无知的厚脸皮，万里长城的厚度也比不上呢！《易经》里压根就没有什么八卦，从一开始就只有六十四卦。就算原来就有八卦，可是那跟元素周期表有什么关系？别说《易经》，就算你们那些易学，什么时候说过地球万物是由哪些元素构成的吗？我知道，你要说不是有八卦的天地风雷水火山泽吗？可是，那不是元素，那只是象征符号，而且那象征功能还是春秋以后才附会上去的。这点，连古代希腊和印度都要比咱们的易学大师认真点，人家说，万物是由地水风火这四种基本元素构成的。中国直到战国时期的五行家才提出五行学说，把万物的基本元素定为金木水火土。以后，这种原始的观念就统治了中国人两千多年，毫无进步。就是你吹嘘的那什么太极图啦、八卦啦，其实是到了宋朝，才由那个一天到晚睡懒觉的杂毛老道陈抟想出来的，以后又由什么邵雍啦、朱熹啦印在他们讲周易的书里，这才闹出什么太极、八卦来，你们也就靠着这太极八卦混饭吃，一直混到今天。

我说，你管它太极八卦是什么时候出现的，总之那周期表里就有咱的八卦的“八”！

叔姬说，我今天心情好，就耐心点，给你讲点儿元素周期表的常识。古希腊人留基伯最早提出了物质是由原子构成的学说。留基伯的学生德谟克里忒还发展了原子说，认为万物的最小单位、基本元素就是原子。文艺复兴时期，英国大学者培根说，一切学问必须建立在实验的基础上。到 17 世纪，伽桑狄和牛顿把原子学说最终建立在科学实验的基础上。19 世纪，英国出身贫苦的科学家道尔顿最终完成了近代原子学说，为近现代化学的发展奠定了理论基础。可是，你那些易学大师呢，直到五四运动举起“民主和科学”大旗之前，还是在玩那点原始的金木水火土！而世界上其他地方的科学家已经又超越了原子学说的奠基阶段，进而研究各种元素的原子的属性和变化规律。

我说，管他什么原子不原子、元素不元素，总之它里面有咱八卦的“八”！

叔姬说，我再给你讲讲元素周期律和周期表的发现。1789 年，法国化学家安托万－洛朗·拉瓦锡出版《化学大纲》，发表了人类历史上第一张《元素表》，把当时已知的 33 种元素分四类。1829 年，德贝莱纳对当时已知的 54 种元素进行了系统的分析，提出了三元素组规则。他发现了几组元素，每组都有三个化学性质相似的成员。并且，在每组元素中，居中的元素的原子量，近似于两端元素原子量的平均值。

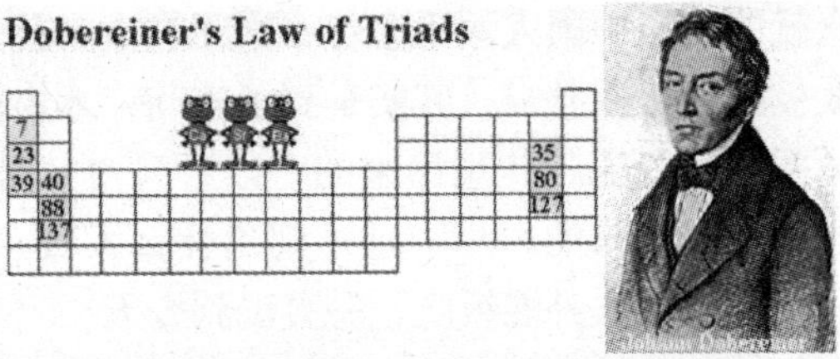

德贝莱纳和他的化学三元素组表

1850年，德国科学家培顿科弗宣布，性质相似的元素并不一定只有三个；性质相似的元素的原子量之差往往为8或8的倍数。听到这里，我急忙说，是呀，你看，这不就是咱八卦的“八”吗?

叔姬说，你别打岔，待会儿再跟你说“八”。接着往下听！1862年，法国化学家尚古多创建了《螺旋图》，创造性地将当时已知的62种元素，按各元素原子量的大小为序，标志在绕着一根圆柱上升的螺旋线上。他意外地发现，化学性质相似的元素，都出现在同一条母线上。1863年，英国化学家欧德林发表了《原子量和元素符号表》，共列出49个元素，并留有9个空位。而俄国化学家门捷列夫、德国化学家迈尔和英国化学家纽兰兹在元素周期律的发现过程中起了决定性的作用。1865年，纽兰兹独立进行化学元素的分类研究，发现了一个很有趣的现象。当元素按原子量递增的顺序排列起来时，每隔8个元素，元素的物理性质和化学性质就会重复出现。由此他将各种元素按着原子量递增的顺序排列起来，形成了若干族系的周期。纽兰兹称这一规律为“八音律”。（你别听见“八”又想顺杆子往上爬!）

而对元素周期律贡献最大的，是俄国科学家门捷列夫。他经过无数次的实验、研究，终于在1869年3月1日这一天，发现了元素周期律。第二天，他绘制了第一张元素周期表。这是人类历史上第一张化学元素周期表。1871年12月，门捷列夫在第一张元素周期表的基础上进行增益，发表了第二张表。

俄国伟大的化学家门捷列夫

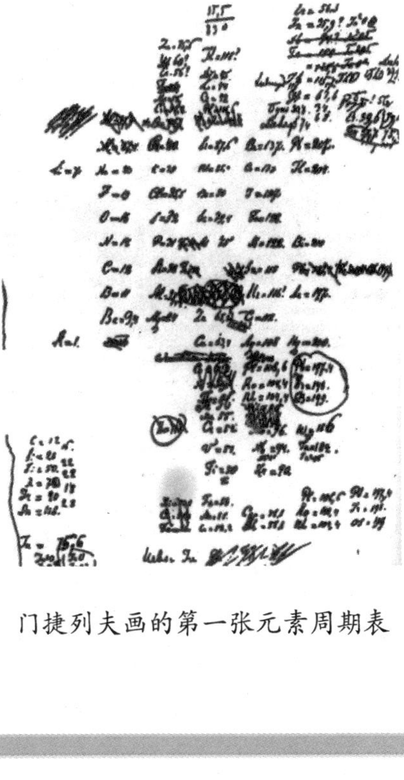

门捷列夫画的第一张元素周期表

1913 年，英国物理学家莫塞莱在研究各种元素的伦琴射线波长与原子序数的关系后，赋予元素周期律以新的说明，并且进一步阐明了周期律的本质，把周期律这一自然法则放在更严格更科学的基础上。你听明白没有？你听好了，元素周期律的发现和元素周期表的制定，没咱《易经》的份儿，也没有易学的份儿，更没有你那些科学易的份儿！我说，可是它里面有咱八卦的“八”呀！

叔姬说，再跟你说深一点儿。你懂得什么叫元素周期律和元素周期律的本质吗？我说，那不就是按咱的八卦的“八”，每隔八种元素重复一次吗？叔姬说，跟你这种厚脸皮儒说话，真叫人恶心！算了，看在你得天独厚的厚脸皮上，我再耐心教教你，让你以后吹牛皮骗人时少叫人家恶心。告诉你，按门捷列夫的观点，元素周期律的内容就是：简单物体的性质，以及元素化合物的形式和性质，都和元素原子量的大小有周期性的依赖关系。所以，元素周期表就按照各种元素原子量的大小排列，每个横行的元素属于一个周期，每个竖列的元素属于一个族。门捷列夫编制的周期表中，还留有很多空格，这些空格应由尚未发现的元素来填满。门捷列夫从理论上计算出这些尚未发现的元素的最重要性质，断定它们介于邻近元素的性质之间。例如，在锌与砷之间的两个空格中，他预言这两个未知元素的性质分别为类铝和类硅。在他预言后四年，法国化学家布阿勃朗用光谱分析法，从锌矿中发现了镓。实验证明，镓的性质非常象铝，也就是门捷列夫预言的类铝。这充分说明元素周期律是自然界的一条客观规律；为以后元素的研究，新元素的探索，新物资、新材料的寻找，提供了一个可遵循的规律。后来，英国物理学家莫塞莱证实，原子序数在数量上等于原子核所带的阳电荷，进而明确作为周期律的基础不是原子量而是原子序数。这就是科学的元素周期律和元素周期律的本质。再给你看一个美丽的立体元素周期表：

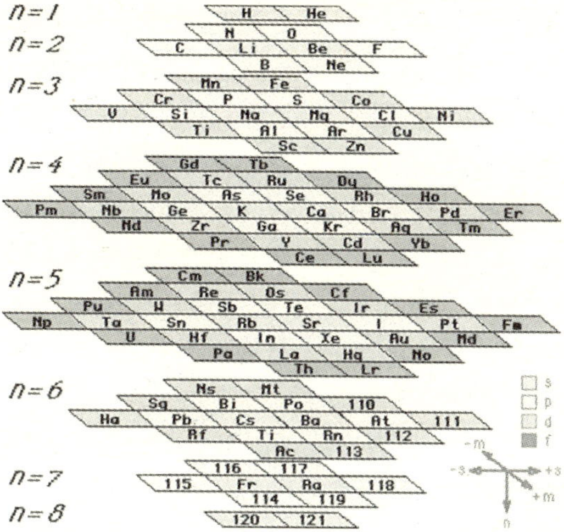

我看了一会儿刚想说话，不料被叔姬夺过去说，“可是它里面有咱八卦的‘八’呀!”是不是？我说，是呀！你看咱那元素八卦表，不是处处都体现了“八”吗？叔姬说，你再看看你那什么狗屁元素八卦表，人家按照自然规律排列的元素被你们搅得乱七八糟、惰性元素跟非惰性元素、金属元素和非金属元素，屎掺尿，尿掺屎，跟伏羲家的粪坑差不多。再看看你们排列的根据，那就是前面说过的并不存在的所谓八卦二进制。你们找了个复卦（䷗）开头，就是所谓的“100000”了。然后，用人家洋鬼子教的二进制与十进制的换算方法，把它换算成32。就这么“010000”、“110000”、“001000”地排下去。可是我问你，就按你们的八卦顺序说，《复》卦能算第一卦吗？而且，你们那种所谓二进制排法真的是二进制排法吗？还把什么天干地支也扯上了。天干地支的轮回周期是“六十”，属于六十进制，跟八卦的“八”扯得上吗？好，退一步说，就算扯得上吧，可是你看看你那天干地支，开头不是“甲子”，而是“乙未”，这合规矩吗？再看“乙未”跟下一个

"己卯"，论天干差距是"五"，论地支差距是"九"，哪有你的什么"八"！自己的八卦都弄个乱七八糟，还说人家用了你八卦的"八"呢！就像一个贼进了主人家，把主人家翻得乱七八糟，还说主人家是按你的贼"八"布局呢！

我说，可确实什么里面都有咱八卦的"八"呀，生物遗传基因……没等我说完，叔姬就接过去说，我知道，什么DNA密码子是按八卦排列，宇宙飞船是按太极图8字圆弧线飞行，等等，是不是？我说，是呀！不对吗？

叔姬说，我告诉你。"一"到"九"这些自然数，包括你念念不忘的"八"，还有直线、圆弧线等，这些只不过是一切学科都要用到的基本数量符号和几何线段。因此，一切学科知识似乎都可以套进去。这就是你那"八"到处都管用的根本秘密。可是，虽然能套进去，你能说各种学科就是从这几个数字和线段直接产生的吗？如果各种学科都是从这几个数字和线段中直接产生的，那么，你那伏羲周文王孔夫子都是非凡的圣人，干吗不早点儿创立微积分、拓扑学、核物理、生物基因学说等等，而非要等人家洋鬼子几千年后来创立呢？还有你这些圣人的不知第几代徒子徒孙，手里掌握着宇宙之宝，却让洋鬼子占便宜抢先，不觉得丢老祖宗的脸吗？再说了，"一"到"九"，直线、圆弧这些基本数学工具，难道全都是咱伏羲老爷子独自发明的，申请了联合国专利？要论掌握和运用这些最基本最简单的数学工具，那么，古埃及人、古印度人、古巴比伦人、古印加人，都比咱伏羲老爷子要早得多，人家领先的时间单位要以千年计！莫非人家也可以说现代自然科学都包含在他们的巫术符号里？

我说，可是，咱诺贝尔奖的获得者杨振宁都说，他的研究成果是在《易经》思想指导下取得的呀！叔姬说，你开始给我讲课时说过，要把《易经》和《易传》分开，《易经》的本质是占筮工具，《易传》则包含着一些哲学思想，阴阳啦、奇正啦什么的，这些主要还是道家、阴阳五行家的思想，用今天的话说，这里面有些原始的辩证法思想，可以从思想方法上给人启迪。所以，杨振宁如果说，他的成就受了《易传》原始的辩证思想的启迪，那是可以的。但如果说他的成就是在《易经》思想指导下取得的，那就是吓唬普通民众了。最后，我要问你一个简单问题，读过马克·吐温的《竞选州长》吗？

我说，读过。叔姬说，马克·吐温最后怎么退出竞选的？我说，在他发表竞选演说时，其他对手唆使九个肤色不同、年龄相当、大概个头也差不多的小孩爬上台去，抱着他的腿，喊他“爸爸”。叔姬说，干吗有这么些小孩这么一搞，他就非退出不可呢？我说，因为马克·吐温觉得可耻呀？叔姬说，为什么可耻？我说，这还不明白吗？如果这是真的，那就说明马克·吐温是个大色狼，不分种族肤色、不分美丑妍痴，只要是女人，他都要上，而且是在几乎同一段时间里上的呀。叔姬说，懂得这一点就好。你最好劝劝你那些个搞科学易的老伙计，该向马克·吐温学学，懂得点儿羞耻，别像西门庆似的，谁喊他“爹”都答应，也别满世界的去替伏羲老爷子认领后代。有本事嘛，就在自己的专业领域里研究研究基础理论或是于国计民生有用的问题；没本事嘛，就在家里领领孙子，享享天伦之乐。不要一天到晚拿着个“八”到处乱套。“八”也未见得全是好东西：“王八”、“丑八怪”、“倒八辈子邪霉”、“八奸八辟”“八面玲珑”、“八面威风”、“丘八大爷”……你以为都好吗？人家义理派即使距离《易经》本质再远，起码还有自己的一些独创东西，你这科学易无非就是把人家洋鬼子的现代科学成果硬往八卦里套。用程颐老夫子的话说，这叫“天地间一贼”！另外，你如果能见到伏羲老爷子，也劝劝他，几千岁的老头子了，别再满世界的转悠，像杜林似的，到处显摆自己的生殖力强，还能弄出种种混血（咱老百姓管这叫什么？）孙子、重孙、灰孙孙来！

六经皆史，《易经》是什么史

转天，我对叔姬说，义理派被我革除易经门墙，我混饭吃的科学易被你骂得狗血淋头，易经剩下的没得讲了，咱的师生缘分到此为止。你走吧！叔姬马上陪着笑脸说，老爷子，人都说你是老顽童，也兴生气么？我看她退让了，便想乘机勒索一把（咱现在不是从上到下都时兴讲“抓住机遇”吗），于是，仍然板着面孔说，你走吧，鄙人没资格教你！叔姬说，我叫你声“亲爷爷”，行了吧？这辈子除了我爷爷，我还没这么叫过人呢！我闭起眼睛不理她。她说，那我只能走啦？我仍然闭目不搭腔，等着听她的脚步声走到哪里。不料却听她说，哦，对了，这儿还有张东西跟您有关，你看看，我就走。我睁开眼，她拿张纸在我眼前晃来晃去的。我定睛一看，那张纸的右下角似乎有我的名字，便伸手去抓。她早已躲开，说，这是份教学合同，有你的签名，就是这儿！我怒喝道，胡说！我们之间几曾订过什么合同！叔姬说，记得有一天我替爷爷讨你的墨宝吗？我说，好像是有这么一档子事。叔姬说，对啦！那天还把你乐得屁颠屁颠的，提笔就在我指定的地方龙飞凤舞起来。其实，你那两笔狗脚迹谁看得上呀！那是本姑娘略施小计，让你签了份合同。想听听内容吗？前面的套话不念了。关键的是，“凡违背合同者，违约方须赔偿对方过去一切经济损失，另有对方时间损失、精力损失、精神损失，按经济损失十倍赔偿！”现在咱们算算账吧！我说，你那是欺骗，我是在不知就里的情况下签的字，不算数！叔姬说，有人证明你当时不知情吗？我挠了挠头。叔姬说，说不清了吧？告诉你，本姑娘若把你告到法庭，你是百分之千的败诉！我挣扎道，我不承认！叔姬说，别说你不承认，吾土吾民从古到今就不曾承认过合同，说干脆点儿，从古到今就不曾有过合同精神！可是现在不同啦！咱不是要世界承认咱是市场经济社会了吗，大人物玩不玩合同，咱不知道。可如今小人物的事倒真的要玩合同了！除非政法委书记是你老亲家！不过看你也没那么好的命，所以，还是领领本姑娘的好意，赚点儿外快补贴飞涨的肉价吧！我无奈道，算我前辈子欠你的，你说怎么办？叔姬说，这才是好老爷子嘛！为老爷子心情好贺喜，今天课时费加三成！我说，不过我真不知该讲什么了。叔姬说，你有讲的，别卖乖啦。我给你提个醒，不是说，清朝有个章实斋吗？他不是说过什么“六经皆史”吗？我说，不知道。叔姬说，那今天的课时费就别加三成了。咱的合同里说，教师有问不答，一次倒扣两成，两次倒扣五成。我急忙说，得，得！想起来了，他是在他的《文史通义》里说过“六经皆史也”。叔姬说，想起来就好。那就往下说吧。

我很不情愿地往下说，他这话的意思，是说儒家的六经（所谓“六经”也是汉以后才兴起的说法），其实都可以当作历史书来看。叔姬说，那么，易经也可以当历史书看啦？我说，是呀。有的学者认为《系辞》就是把《易经》当历史看的，因为系辞中说：“易之兴也，其当殷之末世，周之盛德耶？当文王与纣王之事耶？”不过，我觉得，《系辞》这话只是推测《易经》形成和兴盛的年代，并不是说《易经》就是写商周之际的历史。还是章实斋说得明白。叔姬说，当什么史看呢？编年史、国别史、通史、思想史、风俗史、占卜哲学史……我真的挠挠头说，这倒真的没细想过。反正都不像你说的那些准确。不过倒真的有人像你说的那样，把《易经》当信史看，可以把他们叫“信史派”。信史派的特点是把《易经》内容全部落实到具体的历史人物和事件上。

远的，像写《搜神记》那位干宝，真的像搜神那样去搜《易经》中隐藏的历史事实。《乾》卦初九说：“潜龙勿用”。

他就说这是指周文王被囚于羑（yǒu）里；九四说“或跃于渊”，他就说这是指武王伐纣在孟津誓师，大概因为“渊”和“津”都带水字旁吧；等等。像干宝这样看《易经》的，可以叫“商周派”。近代现代属于商周派的还有沈竹礽先生和胡朴安先生，他们都是用商周之际的历史实事来解释六十四卦的卦爻辞。还有谢宝笙先生和黄凡先生。谢宝笙先生认为，《易经》是历史传说的文王“四友”之一的南宫括写的。南宫括是商族人，但转而帮助周文王，更协助周武王灭了商。然后，写了《易经》。上经是给周初统治者的告诫，下经则写自己弃商投周的经过及苦衷，目的在于取得商族本族人的谅解。黄凡先生则认为《易经》是文王“四友”中的另一位散宜生写的，“是一部从商末受命七年（公元前1058年）五月丁未日起，到周初成王继位，周公摄政三年（公元前1050年）四月丙午日止，共2880天的周王室编年日记体大事筮占纪录”。

叔姬听了说，确实有那么精确吗？我说，可备一说，作为参考。但是，这几位先生认真的态度和认真的考据作风，确实值得学习的。叔姬说，从你嘴里还能说出“学习”两个字来，也是太阳从西边出来了。还有其他派别吗？我说，有。可以说是“古为今用派”吧。比较早的南宋大诗人杨万里，以及李光、胡铨，就属于这一派。当时，杀害民族英雄岳飞（现在有人不承认他是民族英雄了，因为他妨碍了“金”统一“宋”。所以，以后有谁来“统一”你，你就赶快举起双手吧，免得成为历史罪人）的秦桧当着宰相，一味的撺掇着赵构与金讲和，顺应金的“统一”，建立大东亚共荣圈。李光、胡铨他们主张抗金，反对秦桧，因而遭到赵构小老儿贬斥。但他们不服，就借解说《易经》而表明自己的政治态度。比如《坤》六四爻辞为“括囊。无咎无誉。”《象》曰：“括囊无咎，慎不害也。" 意思就是说，小心谨慎没害处。《文言》也说：“天地变化，草木蕃。天地闭，贤人隐。《易》曰：‘括囊，无咎无誉'，盖言谨也。”意思一样，都是说当官要小心谨慎，以免惹祸。李光却针对这种滑头哲学说：“大臣以道事君，苟君有失德而不能谏，朝有阙政而不能言，则是冒宠窃位，岂圣人重训之义哉？故《文言》以括囊为贤人隐遁之时，而大臣不可引此以自解!”他的意思是说，大臣应该以正道为君主做事（咱历史上时兴的则是‘以妾妇之道事君’），如果君主有失德之处，而大臣不敢劝谏，朝廷有行政不作为或乱作为之处，而大臣不能说，那就是冒领君主的宠信，盗窃了大臣的地位。这岂是圣人谆谆教导的本意呢？所以，《文言》虽然说“括囊”是贤人隐遁之时（你看，儒生多聪明，皇帝老倌儿一收网、收口袋，就知道要赶紧逃跑），担当国家大臣的人却不能以此作为明哲保身、逃避责任的理由。这就是杨万里、李光、胡铨几位的“古为宋用”。这样的例子从古至今倒也不少。有段时间咱时兴讲阶级斗争，那位把日本鬼子的三光政策当共产主义的风云人物，曾提了个口号，叫做“斗一步，进一步；步步斗，进一路”。有些学者大概也是要为“阶级斗争”学说张本吧，把一部《易经》从头到尾都解释成阶级斗争纪录，解释成奴婢起义史。我觉得，如果真是奴婢起义，文化掌握在巫史官员手里，巫史官员大概不会为奴婢们树碑立传，奴婢们自己又未必有具体的文化记录工具，恐怕也无法替自己写一部起义史吧。所以，这种想法和做法，跟义理派倒有点近似，也是自说自道，不足为训吧。

叔姬说，除此以外，还有什么派别呢？我说，下面该说说史事索隐派啦。叔姬说，我听到索隐派就有些烦。比如《红楼梦索隐》什么的，好像是无中生有，没事找事似的。我说，《易经》的史事索隐可不像《红楼梦》的索隐。这可是实打实的学问。开这个头的是王国维先生，第一个作出划时代贡献的是顾颉刚先生，稍后还有高亨先生、平心先生。儒生言必称尧舜，语必道周孔，可是，在那尧舜和和周孔之间，还有·两千年历史，却是一团漆黑。给这团黑暗带来点儿光亮的，是王国维先生。他根据甲骨文的研究，首先指出，《山海经》、《竹书纪年》、《逸周书》等野史里提到的“王该”、“王亥”，其实就是商的先祖王亥。商人祭祀他，规模极其宏大，用作牺牲的牛，多达三百头。1929 年，顾颉刚先生写了篇文章《周易卦爻辞中的故事》，发表在《燕京学报》上，具体阐明了王亥丧牛于易、丧羊于易、高宗伐鬼方、帝乙归妹等五个故事。反过来，他否定了什么尧舜禅让、汤武受天命之类臆造之词。从此，对《易经》卦爻辞的解释，才建立在实事求是的科学态度和方法论基础上。

台湾有个牟宗三，最恨顾颉刚为代表的古史辨派，因为古史辨派把咱们混饭吃的历史谎话给揭穿了。牟宗三还写了本什么《历史哲学》，根据儒生们臆造的历史，大讲中国古代国家政权与人民如何和睦。按他的说法，当时的国家政权把土地分给老百姓去种，从不干涉老百姓，老百姓呢，“日出而作，日入而息，凿井而饮，耕田而食”，仿佛蒋介石逃到台湾后搞土地改革一样，真是小日本的石原慎太郎鼓吹的“王道乐土”。所以，复旦大学的朱维铮先生说，应该有人出来批驳一下牟宗三这些没有历史事实根据的说法。叔姬打断说，好了，先把牟大师放一边，还说顾颉刚先生和后来的高亨先生、平心先生等人阐明的几件历史故事吧。我说，那就洗耳恭听啦。

第一，王亥丧牛于易、丧羊于易

话说商人有个先祖，名为亥。据王国维先生考证，是“契”的七世孙，“冥”的儿子。他的名可以写成“亥、该、核、胲”，别号则叫“震”、“振”。商族人后代尊称他为“王亥”。这位老兄既会牧畜，又会做生意，是个实业家兼大商人。他带着一批牛羊和资本，办起跨国公司，从山东一带的老家“奄”，来到“观扈”一带搞跨国养殖和国际贸易。观扈也叫“有易”，又叫“鬼方”，在当今河北、蒙古一带。王亥在那儿大概淘到了一大桶金，还买了一批奴隶。这就是《旅》六二说的“旅即次，怀其资，得童仆。贞（吉）。”中国人赚了钱，就要摆阔气。王亥也是如此。《竹书纪年》说他：“殷王子亥，宾于有易而淫焉。”就像咱现在的大款，在德国发了财就上高速路飙车，在俄罗斯发了财就睡俄国妞一样。这就引起当地光头党的不满，所以，《旅》九四说：“旅于处，得其资斧。我心不快！”据平心先生考证，这个“处”，就是“观扈”，也就是“有易”。这个“我”，就是有易的酋长“绵臣”的名字。这就是说，有易的全国第一大光头心里都不痛快了。这下王亥就该倒霉了。“冶容诲淫，谩藏诲盗”嘛。于是，有易的人烧了他的房子，抢了他的童仆和牛羊。《旅》九三记下这事说：“旅焚其次，丧其童仆。贞厉。”这下王亥就好看了，《大壮》六五说他“丧羊于易”，《旅》上九说：“鸟焚其巢，旅人先笑后号咷。丧牛于易。凶。”原先赚了钱就趾高气扬，放声大笑。真是咱老百姓说的“穷得富不得，富了了不得”！这回像鸟似的，窝被烧了，蛋被掏了，就大哭起来。不过，这王亥还算性情中人，喜则大笑，悲则大号，颇像《伊利亚特》里的阿喀琉斯，表弟死了，哭得抓散头发，撕破衣裳，倒在地上，滚得一头灰土。这才不愧为英雄时代的人嘛！哪像咱现在的人，哭笑俱不敢，结果憋成心脑血管病！英雄时代的人受了气，那是绝对要报复的。王亥大概也向有易的人进行了报复。但是，“强龙不压地头蛇”，何况人家有易的行为是政府行为，有全国第一大光头在后面撑腰，结果，是《竹书纪年》说的，“有易之君绵臣杀而放之”。杀了还要“放之”，什么意思？是不是像咱现在的煤矿老板，矿井出事，矿工死了，用车拉到其他省份“放之”？叔姬说，我哪知道？你常常给老板们效劳，你最清楚。我赶忙顾左右而言他。

第二，震用伐鬼方，有赏三年于大国

叔姬说，接着讲呀！我说，讲到哪儿啦？叔姬说，讲到

“有易之君绵臣杀而放之”。我说，咱别提“放之”了，接着讲王亥的儿子的故事吧。话说王亥有个儿子叫“甲微”。叔姬说，等等！怎么我听着这商代的人，名字都什么“甲”了“亥”了的，好像瞎子算命在排八字。我说，不错，商代这些个大酋长的名字都带着天干的符号“王亥”的“亥”、“甲微(可能应该叫“微甲”)”的“甲”、“盘庚”的“庚”、“武丁”的“丁”，还有大名鼎鼎的纣王叫“受辛”。好，且说这甲微死了老爹，当然要报仇。就联合了他老爹生前放牧在过的河伯地方的酋长河伯。叔姬说，等等。河伯不是《庄子》里虚构的人物吗？我说，无中不能生有。历史上确实有河伯，《山海经·大荒东经》里说：“王亥托于有易、河伯仆牛。”这河伯也是王亥曾经放牧的地方，其酋长也就叫河伯了。咱的祖先，以及欧洲中世纪和近代的贵族都兴这一套，用地名作姓氏。舜的祖宗在妫（guī）水一带生活过，就以“妫”为姓。崇高的疯子堂吉诃德住在“曼却”地方，姓氏便是“台·拉·曼却”；法国小说家居依·德·莫泊桑的姓氏也是来自家族从前的领地“莫泊桑”。好了，别打岔了，且听分解。却说《竹书纪年》中说：“殷主甲微假师于河伯以伐有易，克之，遂杀其君绵臣。”这下给他老爹报了仇了。这要在咱现代，就是犯法，甲微就该抓起来蹲班房。因为咱现代人只有政府执法部门才有权替老百姓主持公道。咱若受了欺负，只能指望派出所和法院的青天大老爷给咱做主。青天大老爷日理万机，忙不过来，咱就得等着。等到过了法律时限，咱的冤枉也就不冤枉了。这甲微算是运气，不仅报了父仇，还夺得有易的一切，商族部落就此大国崛起，成了联合国安理会常任理事国。这就是《未济》九四说的：“贞吉，悔亡。震用伐鬼方，三年有赏于大国。”

只是过去的儒生望文生义，信口开河惯了，把“震”解释为“功高震主”啦，或是“雷霆万钧之势”啦（那个儒不儒、道不道、僧不僧的南怀瑾就这么说的)。其实，这个“震”，就是王亥的别号。“震用”，意思就是王亥的儿子“用”。叔姬说，别怪我打岔。“用”怎么成了人名呢？我说，“用”为什么不能做人名？“虢公丑”、“狐毛”都是人名，咱上世纪的劳动模范大名还叫“陆阿狗”呢！且说，这“用”就是王亥的儿子甲微，他又叫“洛伯用”，与“河伯”一样。他借助于河伯的军队，打败了有易人，杀了绵臣。使“有赏”，也就是“有商”或者“商部落”终于成了大国。这是史学家平心先生在上世纪60年代考证出来的。到了上世纪70年代，长沙马王堆考古发掘出来一批古代帛书，其中有《帛书周易》。《帛书周易》的《未济》九四爻辞，赫然写的就是“有商于大国”！证明平心先生的考证是正确的。科学的考证就是科学的考证！这样，商代由开国而至大国的一段空白史，终于走出黑暗，得见天日。

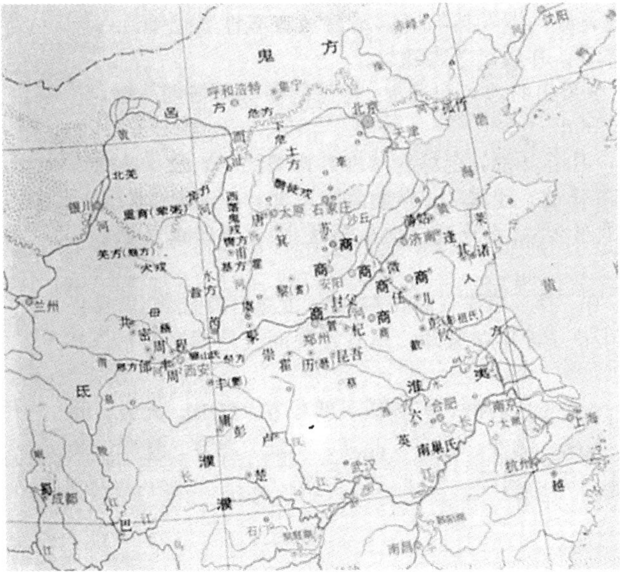

商代地图

第三，高宗伐鬼方

叔姬说，听去不错！易经史事索隐确实不同于其他索隐，洞幽烛微，脚踏实地，真给易经研究奠定了科学基础。你也不赖，成天鼻高于顶，今日居然能毕恭毕敬地讲史事。我喜欢听，接着说吧。我说，我鼻高于顶是止鼻血。当代那些新儒生才真正鼻高于顶，而且互不服气呢。梁漱溟不服熊十力，牟宗三又不服梁漱溟……叔姬打断我的话头说，别扯远了骗课时费。回正题。我说，读过《诗经·商颂·玄鸟》吗？叔姬说，以前学古典文学有那么点印象，但模模糊糊的。我说，以下几句有印象吗："商之先后，受命不殆，在武丁孙子。武丁孙子，武王靡不胜。龙旂十乘，大糦（xī）是承。邦畿千里，维民所止，肇域彼四海。"叔姬说，这是歌颂武丁的孙子吗？我说，不是，就是歌颂武丁的。叔姬说，怎么说"武丁孙子"呢？我说，武丁对于商之先王，不就是后孙辈嘛。就像你将来成了大器，拍你马屁的人向你家列祖列宗在天之灵禀告，就要称你为"你家叔姬天孙"。叔姬说，少贫嘴。说正经的。我说，这几句诗颂扬武丁能继承商族祖先所受的上天之命，战无不胜，拓展疆土，广达千里，为百姓所景仰，还要开拓四海呢。但是，这些诗句仍嫌抽象，武丁究竟扩展了那些地方，读了还是不得而知。即使是《史记·殷本纪》，也是把记叙的重点放在武丁求贤若渴，找到傅说，委以大任，"举以为相"，因而使"殷国大治"，"天下咸欢，殷道复兴。"可是，《易经》里透露了一个重要信息，《既济》九三说："高宗伐鬼方，三年克之。小人勿用。"那就是说，他曾对鬼方（又叫"姚邛"）开战，而且战争时间迁延多年，才最后打败鬼方。

第四，帝乙归妹

叔姬说，听这么一说，咱中国这块土地上，自古以来就打打杀杀的。我说，以前就告诉过你，话不能说得难听。这叫民族融合，懂不懂？叔姬说，这样的融合叫人受不了！我说，也有好受的，那就是《泰》卦六五说的：“帝乙归妹，以祉。”还有《归妹》卦六五也说：“帝乙归妹，其君之袂不如其娣之袂良。”意思就是说，帝乙出嫁女儿，是为了福祉。他出嫁女儿时，正婚夫人的服饰还不如陪嫁妹妹的服饰漂亮。这就有意思了吧？叔姬说，归妹怎么是出嫁女儿呢？我说，古代女子嫁人叫“归”。俗话不是说吗，“女生外向”嘛！所以，出嫁就是“归”。不过，说正经的，“归”作“出嫁”解释，在甲骨卜辞里就有。大家比较熟知的则是《诗经》里的句子“之子于归”，就是说“那个女子嫁过来了”。而“妹”，并不是今天“妹妹”、“MM”之意，而是指“少女”。叔姬说，这比较有趣，说来听听！我说，历史上商周两国有过两件婚姻大事：一件是殷帝武丁把女儿太任下嫁给周王季历。那时，周还是个刚刚崛起的小国，也经常受处于更西部的犬戎部落的侵扰。而武丁则要集中精力对付北部的鬼方。因此，殷商和西周有必要联合起来，互相背靠背，集中力量对外。于是，妇女派上用场了。这也是咱中国的优良传统。打得过就打，打不过就和亲。和亲就是奉送女人。所以，武丁就把女儿太任嫁给了西周的酋长季历，而且派兵帮助西周打击犬戎。西周由此得了很多好处，既击退了犬戎，占了大片土地，又虏获大批奴隶和财富，国势便强大起来，大有取商而代之之势。武丁急了，找个机会把季历杀了。文王姬发才继承了西周的酋长地位。另一件是文王从莘（shēn）国娶了一个妻子叫太姒（sì），有的历史书说文王娶太姒也是殷商主持的。此外两国还有没有其他外交政治婚姻，就不得而知了。可是，《易经》这两卦却说了“帝乙归妹”，到底是怎么回事呢？原来，帝乙就是商代最末一个君主纣王的父亲。周文王继位后，为报杀父之仇，曾经出兵伐纣，但打了败仗。但是，当时东方夷人也在造殷商的反。帝乙不愿腹背受敌，于是，又玩起了女人外交，把女儿嫁给文王。文王虽身负杀父之仇，但新近打了败仗，周到底还没有殷商那么强大，也就接过这女人外交之球，暂时认帝乙做老丈人了。为这事，周国举国上下着实作了一番大准备，其规模不下于咱迎接奥运会。《诗经·大雅·大明》就堂而皇之地描写了这件事："文王初载，天作之合。在洽（qià）之阳，在渭之涘（sì）。文王嘉止，大邦有子。大邦有子，伣（qiàn）天之妹。文王厥祥，亲迎于渭。造舟为梁，不（丕）显其光！"意思是说，文王初年，老天爷给他做了大媒。在洽水北岸，在渭水之滨。文王隆重亲临，迎接一位大国女子。这位大国女子，好比老天爷的女儿。文王选了黄道吉日，亲自接到渭水边。河上造了船，架起浮桥，非常显得荣光！可是，过去的历史家把这段历史误会了，说成是文王迎接莘国的女子太姒。经过顾颉刚先生和其他史学家考证，才逐渐弄清这事的真相。在当时，能被西周称为大邦的国家，非殷商莫属。《尚书·顾命》说："皇天改大邦殷之命。"《召诰》说："天既遐终大邦殷之命"意思是说，老天爷改变了大国殷商的命运，永远终结了大国殷商的好命。殷商都已经灭亡了，还称它为大国，何况它没灭亡而确实是当时的大国之时！反过来，周一直称自己是小国："兴我小邦周"（《尚书·大诰》）。而莘国呢，比西周还小，称不上大邦。所以，能称大邦之子的，应该就是帝乙的女儿。

不仅如此，商周之间的婚姻，大概还用过俘虏作陪嫁呢。《睽》卦上九说，"睽孤，见豕负涂，载鬼一车。先张之弧，后说之弧。非寇，婚媾。往，遇雨则吉。"意思是说，有个人看见一头猪满身是泥，还有辆车，拉着一车"鬼"。先张开了弓箭，后来又放下了弓箭。因为那些人不是强盗，而是来成婚的。往前走吧，遇到雨水就成功了。过去易经学者往往把这段爻辞中的"鬼"解释为鬼怪或是梦中见鬼。其实，这应该就是"鬼方"被俘的人员，大概是用来作为婚姻陪嫁的。这种习俗直到春秋时期依然盛行。《左传·僖公五年》载"晋假道于虞以伐虢（guó）"，灭虢后，回师过虞，顺便把虞也灭了，

“执虞公及其大夫井伯，以媵（yìng）秦穆姬”。就是说，俘虏了虞公及其大夫井伯，然后就把他们当作陪嫁，随晋献公的女儿——秦穆公的妻子秦穆姬——一起送往秦国。一国之君成了俘虏都可以作为嫁妆，何况几个小“鬼子”。能保住吃饭家伙，已经算他们天大的造化了！欧洲中世纪，教皇英诺森八世家里设有人种动物园，把全世界各个人种的人都弄一个去养着，英诺森八世上街时，叫这些人跟在后面，招摇过市，好不威风！《红楼梦》里薛宝钗成大礼时，还把战败者林妹妹的丫头雪雁俘虏过去做临时陪嫁，彻底征服了装糊涂的贾宝玉哪！你将来成大礼时，要不要也弄几个小鬼子作嫁妆，跟在婚车后面摆阔？叔姬说，成你个头！我要拿你做嫁妆！快接着讲！我说，是啦。嫁妆涉及婚姻，婚姻就涉及秦晋之好，秦晋之好就涉及晋，咱就讲晋卦的一件事吧。

第五，晋康侯用锡马蕃庶，昼日三接

且说这晋卦本来就因为卦辞“晋康侯用锡马蕃庶，昼日三接”之中有个“晋”字，后人便取以为卦名。可是后来这“晋”却变成了“晋升”啦、“前进”啦什么的。其实这都与卦辞中的“晋”字不相干。叔姬说，那么“晋”是什么意思呢？我说，就是“晋国”的“晋”。叔姬说，那是春秋时期啦？我说，不是。是西周初年。但过去的易学家弄不清这“晋康侯”是怎么回事，就把“晋”说成晋升、前进之类了，而且把“康侯”解释成什么“美”侯（不是美猴王孙大圣）啦、“升”侯啦……真是你不说我还明白，你越说我越糊涂。不过这也不能怪他们，文献文物资料不足嘛。直到清朝才有人猜测这是人名。第一个解开这谜的还是顾颉刚先生。他参照《康侯鼎》铭文，最终确定，康侯就是西周开国时的卫康叔姬封。关于姬封的身份，有两种说法，一说他是周武王的弟弟，一说他是周武王的儿子。西周建国分封诸侯，他被封为唐叔，又叫唐叔虞，传说他生下来手掌中就有个“虞”字。因为唐、康二字古音相近，慢慢就音变成康叔了。到他儿子燮父接他的位，改称晋侯，因为晋水流过他家的封地。所以，在历史上，唐叔、康叔、乃至晋侯，主要指的都是姬封。接下来就是“用锡马蕃庶，昼日三接”的含义了。

先看看过去那些易学经典和大师们怎么说的。《彖》曰：“晋，进也。明出地上，顺而丽乎大明。柔进而上行，是以康侯用锡马蕃庶。昼日三接也。”意思是说，“晋”就是“进”。什么东西进呢？是明（大概指太阳吧）从地上升起来。为什么这样说呢，因为《晋》卦是离上坤下，离是火，也就是太阳。坤是地。这不就是太阳从地上升起吗？这太阳升得很顺利，很美丽（或者是“附丽于”），大白天。这就叫柔和地前进上行。

这就是用所谓卦象来解释卦义。咱姑且承认他说得还有理吧。可是下面呢，加个“是以”，也就是“所以”，便把人家易经经文一抄了事：“所以，康侯用锡马蕃庶。昼日三接也。”说了等于没说。这就是咱们儒家解释易经的经典辅助教材《彖》惯用的伎俩！再看看后世儒生们如何对《彖》进行再解释。

虞翻曰：“观四之五。晋，进也。坤为康。康，安也；初动体屯，震为侯，故曰‘康侯’。震为马，坤为用，故‘用锡马’。艮（gèn）为多，坤为众，故‘繁庶’。离日在上，故‘昼日’。三阴在下，故‘三接’矣。”他先解释“晋”之所以为“进”的原因，那就是“观四之五”，意思是说“观”卦（䷓）的第四爻上进到第五爻的位置上去了，因而成了“晋”卦（䷢）。为什么叫“康”呢？因为“坤”卦象征“康”，“康”也就是“安”。下面不知什么理由，他又把“震”卦扯上了。大概是因为“震”卦（䷲）的第一爻和第四爻变阳为阴，就是“坤”卦（䷁），因此又扯到“震”卦象征“侯”，所以，这就是“康侯”。你看看这个弯绕了多远！这就是玩易经的秘诀，记好了，才好哄那些来找你算卦的新贵和暴发户。另外，“用锡马”怎么解释呢？还是用象征。“震”又象征马，“坤”象征“用”，合起来不就是“用锡马”了吗？只是他忘了解释或是避而不说“锡”了。“蕃庶”是怎么回事呢？他说，“艮”卦象征“多”——你看，把“艮”卦（☶）也扯上了，大概因为“震”卦翻个底朝上就是“艮”卦吧——，而“坤”卦又象征“众”，这就是“蕃庶”，因为“蕃庶”者，多多也。“昼日”又怎么回事呢？因为“晋”卦的上卦是原始的“离”卦（☲），这就是“离日在上”。这就是“昼日”、“白日”、“白昼”！什么是“三接”呢？因为“晋”卦的下卦是原始的“坤卦”（☷），是三个阴爻。大白天有三个雌性的东西在下面等着你，你就“三接”吧？“接”是什么呢？天知道！叔姬说，这不是信马由缰地胡扯吗？我说，还有比这扯得远的呢！侯果曰：“……坤为众，坎为马。……《大行人职》曰：诸公：三飨（xiǎng），三问，三劳；诸侯：三飨，再问，再劳；子男：三飨、一问、一劳，即天子三接诸侯之礼也。”你看看，虞翻的“震为马”，到了侯果这儿变成了“坎为马”。“三接”变成了“天子三接诸侯之礼也”。“五四”运动以前，研究易经的著作大概有四千多部，就这么扯来扯去的“逗你玩儿”！叔姬说，那么“用锡马蕃庶，昼日三接”到底是什么意思呢？我说，经文字面已经说得清清楚楚的了，就是唐叔姬封用周天子赐给他的种马繁殖马匹，大概因为那种马像咱伏羲老爷子一样，生殖力特强，所以，一个大白天就多次进行了交配。只因为咱的传统是“只能做，不能说”，所以，大家碰到“接”字就扯什么“天子三接”了。不过，要说“天子三接”那也不算过奖，因为咱那些当天子的，大都跟种马似的，后宫佳丽三千人，咱江苏一位土皇帝，二奶有一百多，一天三接怕还忙不过来呢！叔姬说，就这么简单吗？我说，就这么简单！《易经》时代是游牧经济向农耕经济转换的时代，游牧业还是社会第一产业呢。有了好种马，还不抓紧时间赶快配种繁殖小马，那就跟泰国有只健壮的好鸭子还不赶快叫他多接待几个咱的富婆一样。

叔姬说，那怎么又有什么唐叔啦战争啦之说呢？我说，那是平心先生的研究结论。原来西周建国之初，殷人不服，曾举行过叛乱，虽然被镇压下去了，但影响却不小。北方戎族地区的“唐人”也发动叛乱。康侯姬封受命出征。唐人已有了骑兵（过去史家认为春秋时期还没骑兵）。康叔也必须用骑兵对付他们，因此选择了有易地区（锡、易、狄三字古时通用）的马，还动员了附庸的蕃族部落的部队（“蕃庶”）参战，而且连连战斗（“昼日三接”跟《诗经·小雅·采薇》的“一日三捷”相同）。这样，中国古代史研究的“长链”中亡失了两三千年的“一个断环”，就被弥补上了。这是对《易经》进行史学研究的一大成果。叔姬说，那么，究竟是繁殖马匹对呢，还是征唐之战对呢？我说，看字面，当然是繁殖马匹对，究史实，就是征唐之战对了。而且，现在多数学者都同意平心先生的意见。

叔姬说，此外还有哪些故事？我说，顾颉刚先生还理出了一些故事线索。比如涉及周文王的有《升》卦六四“王用亨于岐山。吉，无咎。”《随》卦上六“拘系之，乃从维之，王用亨于西山。”《既济》卦九五“东邻杀牛，不如西邻之禴祭，实受其福。”，其他的如《同人》卦九三“伏戎于莽，升其高陵，三岁不兴。”《明夷》卦六五“箕子之明夷。”《益》卦六四“中行告公丛，利用为依迁国。”等等。其中都隐藏着一些至今尚不为人所知的历史故事。叔姬说，这么说，《易经》可以看成一本历史故事集啦？我说，也不好如此说。里面虽然包含着不少极有学术价值的历史故事，但还是不能把它当作历史来看，最多可以看作包含着历史档案资料。因为它归根到底还是一部占筮之书，是一部古代游牧生活的指南。但是，今天如果把它的占筮巫卜性质去掉，那么，应该说，研究《易经》的历史学派应该是最懂得《易经》价值的，也是研究得最认真的，最值得咱们喊一声："先生们，脱帽!"

原始人裸体舞和英雄指南

叔姬说，既然《易经》不能作为历史看，那么，它的历史价值就要大打折扣啰？我说，也不好如此说。我只是觉得，不要把它看得太死，非要找出具体历史事件来不可。其实，从史学角度研究《易经》的，还有另外一派，可以称为社会史学派吧。早的像章太炎先生，他的演讲《历史之重要》说："周易历史之结晶，今称'社会学'是也。乾坤代表天地，〈序卦〉云：有天地然后有万物。故，〈乾〉、〈坤〉之后，继之以〈屯〉。屯者，草昧之时也。即鹿无虞，渔猎之征也。匪寇婚媾，掠夺婚姻之征也。进而至〈蒙〉，如人之童蒙，渐有开明之象矣。"你看，他把《易经》的前几卦，看成人类古代史的缩影。这种研究方法，是不是和前面那几种方法不一样？叔姬说，是。前面那几种执著在具体历史事件上，对号入座。这种方法着眼在历史大阶段的整体上，寻求一般规律。我说，可惜汝生也晚，否则当是太炎先生知音，今天至少是独一无二的国学老太太了！（话没说完，叔姬已一巴掌打过来，幸亏我见机得早，赶忙说）君子动口不动手，何况是对师尊！放肆！叔姬说，谁叫你咒我老！告诉你，对女孩子不准说老说丑！我说，是啦，你非常青春，非常美貌。行了吧？叔姬说，这种口气，本还该挨打的。不过，权记下次。接着说正经的！我说，太炎先生这种看法，比起对号入座来，眼光开阔得多，也合理得多。不过，也还有生硬之嫌。你想，写《易经》卦爻辞的古人，哪有那么清晰的社会发展史概念和脉络，几卦就概括了上古史全过程？不过，从社会史角度研究《易经》，确实独具只眼，而且最能体现《易经》在今天的价值。在这点上，郭沫若更加看得到英雄本色。叔姬说，别跟我提郭沫若，年轻时写诗又狂又色，上了岁数写诗又卑又贱。本姑娘恶心！我说，写诗是写诗，做学问是做学问。何况古人说啦，不能因人废言嘛！郭沫若做学问确实有他人不及处，鲁迅先生也得让他一头。郭沫若就是第一个用开阔的历史唯物主义眼光（你别瞪眼，历史唯物主义没错!）看待《易经》的。他在《周易时代的社会生活》一文中说："让易经自己来讲易经，揭去后人所加的一切神秘的衣裳，我们可以看出那是怎样的一个原始人在作裸体跳舞。"这话让治《易经》的人听了，真如醍醐灌顶。《易经》确实可以看成一部中国上古社会生活史纲！而且是儒生们屡屡欲施强暴却未能玷污的唯一一部上古史纲。叔姬说，听你这一说，郭沫若是历史真理的完美化身了！我说，我没这么说。除了儒生，没谁敢说自己或任何人是历史真理的完美化身。人，只要能稍微接近历史真理，就算不虚此生了！叔姬说，听你这口气，你崇拜的郭沫若说《易经》也没完全说对。我说，我再次声明，我没崇拜郭沫若，但他说《易经》的思路是对的。只是他说"原始人在作裸体跳舞"不太准确。叔姬说，这就是说，你有比他准确的说法。我说，不敢！我只是有点儿模模糊糊的感觉。叔姬说，那就把它说清楚吧。我说，第一，《易经》时代已不是原始时代，而是游牧经济向农耕经济转化的时代，也是奴隶制社会的英雄主义时代，比荷马史诗时代还要稍早一些。第二、《易经》不能全等于历史，它仍然只是占筮之书，是英雄时代游牧生活的生活指南。它的价值不仅在于保存了中国唯一的英雄时代社会生活资料，而且也可以让我们了解那个时代的思想观念和思维方法。更加幸运的是，从子虚乌有的传说孔夫子写《彖（tuàn）》《象》开始，咱历代儒生虽然千方百计想强暴它，却不得其门而入，只好随地乱泄一气，悻悻而去。叔姬说，好，那就说说你是怎样理解《易经》指导那时人们生活的吧。

我说，咱先说占筮。占筮在古代之重要，犹如今天元首们睡觉都该想着怎样救市、以及你每天睁开眼就该想着怎么画人中影一样？叔姬说，什么画人中影？我说，哈，美女不知道画人中影，怎么叫美女呢？今天课时费加两成，老师我告诉你画人中影的秘诀。叔姬说，依你。快讲！我说，话说意大利文艺复兴时期有位人文主义者叫费伦左拉的，专门研究美人头。叔姬说，别绕弯，拣直了说！我说，他说，人中的颜色应该比上嘴唇其他部位红润一点，人看起来就异常精神。如今的MM们不懂这一点，一天只顾涂脸蛋儿，画眼影。殊不知有的影星能吸引人眼球的，比如小S，就是人中稍微显眼一点而已！潘长江人中太短，上嘴唇跟下嘴唇常常合不拢，就是他的特色。叔姬说，就这些？我说，就这些。叔姬说，上你当了。说正题吧！我说，话说古代占筮犹如油盐柴米酱醋茶一般，是人须臾不可或离的。就连占筮本身也离不开占筮。《乾》卦开宗明义就说："元亨利贞"，意思就是说，开张大顺，利于占筮。所以，古代是无人不问占，无事不可占，无物不可占，无时不可占。一部《易经》，涉及古人生活七大领域。叔姬说，哪些领域？我说，游耕生产一，巫蛊祭祀二，军事掠夺三，社会政治四，婚姻家庭五，衣食住行六，灾异杂事七。叔姬说，道德观念呢？我说，那时还没后来的道德观念。若要说有，那就是"德者，得也"，不管你的我的，拿到手就是德！叔姬说，那么，有哪些东西可以用来占筮呢？我说，宇宙万物，无物不可为占。叔姬说，为什么？我说，因为巫术思维的两大基本概念是，一、万物有灵；二、万物相互感应。叔姬说，能说得简明些吗？我说，概而言之，可以分三类：星占、物占和事占。星占就是看天象以断吉凶；物占则以种种事物为参考，事占就是以前车为鉴了。叔姬说，分别细说一下吧。我说，星占之例莫过于《丰》卦。六二："丰其蔀，日中见斗，往得疑疾；"九三："丰其沛，日中见沬；折其右肱（gōng），无咎。"都是说日食的现象。大白天看见北斗，看见小星星，吓得人犯了神经病，甚至摔断了右胳膊。还好没送了命，这就算“无咎”了，也就是不幸中的万幸。不过，《丰》卦不大能显出那时的英雄主义精神，《震》卦就显得淋漓尽致了。《震》卦卦辞说：“亨。震来虩虩（xì），笑言哑哑；震惊百里，不丧匕鬯（chàng）。”意思是说，这一卦预兆亨通。为什么？因为有点儿像侯耀华演的侯大胆。你看，雷震来得恐怖，但他依旧笑声朗朗；雷震惊动百里，但他勺子（匕）里的酒（鬯）一滴都没撒。这是不是大胆？老托尔斯泰在《战争与和平》里写彼埃尔跟一帮酒肉朋友胡闹，道号洛夫站在高楼窗台上，背朝外，手不扶窗框，仰头一口气，把一瓶酒灌下肚里去，跟这差不多。你们同学中那些小帅哥，有没有这种胆量？

叔姬说，如果有这种冒失鬼，就让他摔死吧。接着往下讲，物占呢？我说，物占又分两种：植物占和动物占。植物占比如《泰》卦初九：“拔茅茹，以其汇。征吉。”九二：“包荒，用冯河，不遐遗。”《否》卦初六：“拔茅茹，以其汇。贞吉，亨。”其中的“包荒”，就是葫芦，用来渡河，管保你不会淹死。而拔茅草，连根都拔起来了，岂不是出征吉利，占筮吉利，大运亨通吗？最有意思的是《大过》九二“枯杨生稊，老夫得其女妻，无不利。”枯杨树重新发芽，预兆老头子能娶到个年轻小媳妇。尽管莎士比亚说，金钱可使浑身长着癞皮病的老头子重做新郎，但究竟而言，这大概还是人生最难的事。一个行将就木的老家伙还能达此目的，那真是无往而不利。还有九五“枯杨生华，老妇得其士夫，无咎无誉。”枯杨树重新开花，预兆老太婆能找到个小半截子做丈夫。不过，女的权力没男的大，所以，老太婆只是“有德”，即“有得”，但没过错也没光荣。

动物占就更多了。《乾》卦全卦、《坤》卦上六都是以龙为占。《明夷》卦初九：“明夷于飞，垂其翼；君子于行，三日不食。”明夷鸟飞起来，翅膀是垂着的，预兆君子出行，要饿三天肚子。六二："明夷，夷于左股，用拯马壮，吉。"明夷鸟的左腿受伤了，表示马也要治伤。有伤而能得治，当然吉利。九三："明夷于南狩，得其大首；不可疾贞。"在南边巡守打猎时，捉到一只明夷鸟的鸟王。这表示你若有病，不能去问占，因为鸟王都被捉到了，你要是鸟王呢，还能有好果子吃吗？《渐》卦用大雁比喻女孩子出嫁后的命运。卦辞是"女归。吉。利贞。"告诉你这女子出嫁是大吉大利。初六说："鸿渐于干；小子厉，有言，无咎。"大雁缓缓落在水边，表示小伙子要有点麻烦（"言"即"愆"），但没灾难。这小伙子大概是这姑娘的未婚夫吧？六二就好了："鸿渐于盘（磐），饮食衎衎（kàn），吉。"大雁缓缓落在水中大石上，不愁吃喝，当然大吉。九三却有点儿不妙："鸿渐于陆，夫征不复，妇孕不育，凶；利御寇。"大雁慢慢落在高地上，是不是精疲力竭了？这预兆丈夫出征就回不来，妻子也不能怀孕，所以凶多吉少。但只要你不去打人家，防备人家来打你倒是绰绰有余。六四平平常常："鸿渐于木，或得其桷（jué），无咎。"大雁应该住在水边，现在却落在树木上，可能会得到一枝栖身吧，也就算没麻烦了。九五也不好："鸿渐于陵，妇三岁不孕；终莫之胜，吉。"大雁落在高岗上，这不适合水鸟习性，所以，象征女的三年不会怀孕。不过，到底没谁能胜过它，好比足球赛在客场还踢了个冠军，那不也就吉祥了吗？最后上九，这位大雁表演完了，"鸿渐于陆（逵）"悠悠飞向远方，"其羽可用为仪，吉。"一个少女一生的命运就这样画出来了。叔姬说，听这一说，我想起来了，《易经》占吉凶的方法，其实就是古代人最常用的类比思维。找一个现象，由此及彼，按照万物感应的方式，跟自己要占筮的事情相类比，得出结论。就好比咱没有《刑法》以前，逮着个入室抢劫的犯罪嫌疑人，就查查以前处理过的入室抢劫案件，找个差不多的案例对照一下，量刑定罪。我说，真是名师出高徒。我的学生，不用点就透。叔姬说，别自我安慰啦！居然自称名师！你看人家校长院长，毕业生找上门请了做毕业论文导师的，门都挤破了。到答辩时，是校长院长指导的，哪个评委敢刁难？哪像你，门可罗雀。要不是本姑娘照顾你这点生意，吃肉都成问题！我说，谢谢你好啦，“君子固穷”嘛。咱回正题吧。属于动物占的，比如还有《中孚》的卦辞、初九、六二、上九爻辞，鱼啦、鸡叫声啦，《小过》的卦辞、初六、六五、上六的爻辞说到的鸟，都属这一类。至于其他事占、物占，比如《坤》卦六四“括囊，无咎无誉。”扎口袋，没好没坏；六五“黄裳，元吉。”黄衣裳，大吉。《屯》九五“屯其膏，小贞吉，大贞凶。”囤积膏油，预兆小事好，大事不好。《泰》的卦辞“泰：小往大来，吉，亨。”小的去，大的来。吉利，亨通。九三“无平不陂，无往不复。艰贞无咎。”没有平地不变成坡，没有光出不入的。艰苦之占，结果是没祸患。还有《無妄》、《大过》、《损》、《巽》，都体现无物不可为占。

叔姬说，跟占筮相关的还有什么呢？我说，那就要说说养蛊啦！叔姬说，怎么，古人也养蛊？我说，不是古人也养蛊，而是后人学着古人养蛊。对《蛊》卦的解释，历来都是王顾左右而言他。卦辞爻辞明明白白说的都是“蛊”，就是民间传说中那种会吃娃娃然后回家来拉金拉银的怪物。可是，大概因为《易经》是“群经之首”，而这种东西说起来不好听，于是，易学大师们便挖空心思找其他解释，什么“蛊者，故也”，“故者，故业也”；或者是“蛊者，惑乱也”。于是，“干父之蛊”就成了“纠正父亲的错误”啦，甚至是“宰了父亲的小老婆”啦，等等。总之，就是避开“蛊”这种怪物不说。其实，养蛊的传说，是中国数千年文化传统中绵延不绝的一脉。《易经》教给人的，不就是“少投入，多产出”吗？民间传说的养蛊，原本就是这种一本万利的行当，甚至是美容术呢。而且开始说的并没那么可怕。据传说，蛊是一种奇异的昆虫，生长在一种奇异的芳香的树根底下，终年呼呼大睡，春雷一震，它们醒来后，就饱饱吸食一顿这种树木的汁液，然后，再呼呼大睡。民间把这种虫捉来，关在一起，敲响木鼓，仿佛春雷，这些虫子便会醒来。醒来后，无物可食，便相互眈眈虎视。其中哪一只体弱气短，挺不了啦，便会昏死过去，其他虫子便一拥而上，把它吸食一光，然后呼呼大睡。人们又敲起木鼓，虫子们又醒过来，又如前一样，相互虎视眈眈，末了，再吃掉一只弱者。就这样周而复始，最终只会剩下最强的一只，那就是所谓“蛊”了。把它拿出来，加工成粉末，化在奶中，喝了下去，可以强身健体，美容驻颜。据说苗家女子喝了这种“黄金搭档”，个个“肌肤若冰雪，绰约若处子”。其美容功效远远超过什么“旁氏”、“屈臣氏”、“庄臣氏”、“溏鸡屎”之上。你想不想试一试？叔姬听了犹犹豫豫地问，真的吗？我听她这一问，心中大乐，女孩子就这样，只要跟她讲美容秘诀，她的智商马上就像跟堂吉诃德讲骑士道一样。于是，我继续说，哪有不真？千真万确！而且，还没申请专利，开发价值大去了！苗家女子多情深情，一听汉族男子花言巧语，便会上当，以身相许。然后，便为情郎准备这种强身之物，让他喝下。可是，这种壮阳粉末犹如种子，若没有相应的解药，在人体里到一定时候就会孵化成虫。汉族男子对苗家女子往往是始乱终弃，一走了之。殊不知体内已种下怪胎，到时候便会发作，一命呜呼！这也是自作自受！叔姬欢呼道：呀，真是太好啦！我说，只是这种传说传给汉族之后，便由美容驻颜之术，一变而成发财手段。据说养了蛊后，便会生意兴旺，日进斗金！再后来，更由发财手段，变成谋财害命的手段。那即是什么“吃了男孩拉金屎，吃了女孩拉银屎”！你看，连受害也讲男尊女卑！真所谓“天尊地卑，乾坤定矣”（《系辞》）；男尊女卑，华夏定矣！不过，是否真有人养蛊，谁也不知道。也许只是贪官污吏们这些“养蛊人”掩盖巨额财产来历不明的一种手段，或是患了红眼病，看不惯人家发财的一种莫须有的罪名。当今中国社会也颇学得些物质昌明了，但这类传说还是不胫而走，言之凿凿。何况数千年前的古人，必然更是深信不疑，而且看成一种正当的发财手段。正如《无妄》六二说的“不耕（而）获，不菑（zī）（而）畬（shē）”一样光明正大，而且“则利有攸往”呢。也如古希腊人的海盗、冒险、战争一样被视为英雄行为。所以，《蛊》之一卦，才会反反复复地叮嘱人要“干父之蛊”、“裕父之蛊”，继承和发扬光大老爸的养蛊专业和专利，还声称这可以“用誉”呢！光荣呢！不像今日，贪赃枉法、卖淫嫖娼、巧取豪夺、走私贩毒，虽然人人心向往之，可是理论上却不得公开。英雄时代，多么令人向往啊！

群龙无首为什么吉

过了一天，叔姬说，既然《易经》记录了英雄时代的社会风貌和社会思想，那你就从第一卦开始，说说里面有什么历史概况和思想吧。我说，咱天字第一卦《乾》卦，其实，涉及具体历史事实很少。你看，这一卦里提到什么东西最多？叔姬看看说，龙呀！我说，不错。咱们中国人一说龙就高兴，就骂街。叔姬说，什么意思？我说，你说他是龙子龙孙，他不就高兴得嘴咧到耳根子；你说咱们老祖宗不是龙，是人，他就骂街。叔姬说，不是说咱中国人是龙的传人吗？我说，那是香港唱小曲的张明敏这么唱的。咱们那时候要争取香港回归，便一切宽大，随他怎么唱就怎么听了。没想到人世间的事，是真理和美都离不开财神爷。庄子只看到“窃钩者诛，窃国者为诸侯，诸侯之门而仁义存焉”，谁当了官谁就是仁义的化身；而没看到“窃钱包者诛，窃国有财产者为首富，首富之门而仁义存焉”。总之，庄子没看透谁有钱谁就是真理。倒退三十年，咱大陆还“君子固穷”呢，而港台则富可敌国，于是，港台的人放个屁都比咱大陆的香。你没听港台的人把“标识(zhì)”读成“标识(shí)”，把“玫瑰(gui 轻声)”读成“玫瑰(guī 平声)”，至今小百姓不说，连中央台那几位“国嘴”也跟着念白字吗？所以，香港的张明敏唱个《龙的传人》，表现鸦片战争后东亚病夫阿Q自卑而又自大的心理，咱大陆的穷哥儿们听了，就把这当作天经地义，从此自称“龙的传人”了。其实，咱中国人的龙，第一种是虫。所谓“麟为兽之首，凤为禽之首，龟为介之首，龙为鳞之首”，龙只是群鱼虾蟹之大哥大罢了。第二种是爬虫类，蜥蜴啦，蟒蛇啦，乌龟啦，鳄鱼啦，被古人统称为“龙”了。乾卦里的龙就是这些家伙。第三种是坐骑。咱老祖宗黄帝升天不就是骑着龙上去的吗？据说还有几个小臣搭不上飞机，违反空中交通管制规则，抓着龙胡须飞上去的呢。西汉大学者郑玄教导我们说，马八尺以上为龙。马虽叫做龙，还是给人骑的。第四种是帝王。除了皇帝老倌儿，谁也没资格称“龙子龙孙”，称了要杀头的。我猜你们家没有龙脉，你称不上龙女，愿意做爬虫的传人吗？叔姬说，胡说！放着堂堂的人不当，当什么虫！你才是虫呢！我说，是，是。小百姓不都是可怜虫吗？不过你还得听我这虫说虫道啦。

叔姬说，别瞎扯充课时。我问你，不是说，闻一多先生也主张殷人以龙为图腾吗？龙图腾不就是龙祖宗吗？我说，闻先生是这么说过，但后来其他学者证明。闻先生的依据不太充足。充足不充足，咱暂不管它。就算闻先生说的完全对，殷人确实以龙为图腾。可是，图腾与老祖宗并不完全相同。老祖宗可以是图腾，但图腾不一定是老祖宗。叔姬说，此话怎讲？我说，过去的人类学者都把氏族老祖宗和氏族图腾视为一体。其实不然。有些氏族的图腾并不是他们的老祖宗，甚至是他们不喜欢但又无可奈何的东西。咱云南南部边境一些少数民族，有的以虎为图腾，有的以豹为图腾，有的以豺为图腾。但问起来，他们并不承认这些动物是他们的老祖宗。他们甚至不喜欢这些动物。但为什么又把这些动物作为图腾呢？原因说来简单：就因为他们或者他们的祖宗惹不起这些动物。惹不起你我就敬你吧，我敬你，把你供在头上，说你是我亲爹，你总得放我一马吧？这个道理，《易经》早就说过:《需》卦上六说：“有不速之客三人来，敬之，无咎。”什么叫不速之客？就是不请自来的客人、地痞、流氓、恶棍、恶霸。你喜欢他吗？不喜欢。可是你惹得起他吗？惹不起。惹不起就只好恭恭敬敬伺候他，让他饶你一条小命，那就无咎了；或是定期孝敬他，让他做你的保护人。保护人也就是图腾嘛！叔姬说，听去好像有点道理。我说，这道理大着呢。咱中国老百姓最崇拜的图腾是什么？叔姬说，不知道。我说，不是不知道，是没留心。咱中国老百姓的图腾是官，对不对？叔姬说，好像是。大家都说咱中国玩的是官本位嘛！我说，对啦！咱不是见面就祝“升官发财”吗？这才是中国文化的精髓。可是咱们的官，尤其那些个贪官污吏，哪个是咱老百姓请来的？不都是些不速之客吗？叔姬说，不错。我说，这些不速之客，咱怎么对待呢？不都是要敬之吗？不管你做出点什么成绩都不能忘了说是在官的“英明领导”下取得的，对不对？叔姬说，是呀。我说，你说这话时，心里喜欢官吗？叔姬说，那是没办法呀，都那么说呀！

我说，是呀，咱崇拜官，自己也想当官，可还是不喜欢官，连官们自己都不喜欢自己，所以不愿称“官”，而称“公务员”！这就证明图腾崇拜的对象不一定是咱们喜欢的东西，而可能是咱不喜欢但又惹不起的东西。如果闻一多先生说得对，古人曾以龙为图腾，那也不能说明古人很喜欢龙。其实，依我看，编《易经》的国家政策研究室的主任们，对龙很不感冒。现在易学大师们都把“乾”解释为天，为健。可是，在《帛书周易》里，这个字是“键”。“键”是什么？是金属门闩！把门闩起来，让外面可恶的东西进不来。乾卦里那可恶的东西是什么？就是龙，就是爬虫类的巨蜥、蟒蛇或是鳄鱼之类。乾卦里这些动物不是想象产物，而是实实在在看得见、遇得着而又惹不起的生物！叔姬说，有证明吗？我说，有。《左传·昭公二十九年》载：

> 秋，龙见于绛郊。魏献子问于蔡墨曰：“吾闻之，虫莫知（智）于龙，以其不生得也。谓之知，信乎？”对曰：“人实不知，非龙实知。古者畜龙，故国有豢龙氏，有御龙氏。”献子曰：“是二氏者，吾亦闻之，而知其故，是何谓也？”对曰：“有飂叔

安，有裔子曰董父，实甚好龙，能求其耆（嗜）欲以饮食（sì）之，龙多归之。乃扰畜龙，以服事帝舜。帝赐之姓曰董，氏曰豢（huàn）龙。封诸鬷（zěng）川，鬷夷氏其后也。故帝舜氏世有畜龙。及有夏孔甲，扰于有帝，帝赐之乘龙，河、汉各二，各有雌雄，孔甲不能食，而未获豢龙氏。有陶唐氏既衰，其后有刘累，学扰龙于豢龙氏，以事孔甲，能饮食之。夏后嘉之，赐氏曰御龙，以更豕韦之后。龙一雌死，潜醢（hǎi）以食夏后。夏后飨之，既而使求之。惧而迁于鲁县，范氏其后也。

你看，不仅确确实实见到了龙，而且还说龙其实并没有什么智慧，是人自己没智慧，才把龙说成有智慧的。龙可以养，可以御，可以摸准它的习性哄它来，最后，还可以吃，而且味道不错，以至夏后吃了还想吃，弄得咱的家门儿养龙的刘累不得不逃亡他乡。这哪里是向壁虚构的神物？如果再知道一点中国五千年气候变化的常识，那么对于《易经》中写到龙，就更不会奇怪了。据竺可桢先生研究，商周之交时期，正是中国古代温暖时期，一月份平均温度比现在高 3 至 5 摄氏度，许多如今在南方亚热带地区才能见到的动植物，在北方都普遍可见。爬虫类进入占卜范畴就不足为奇了。占卜所用的龟壳，便可作证。乾卦中所记载的，其实就是龙这类爬虫一天或是一年到头的生活习惯。这种爬虫，主要包括巨蜥、蟒蛇、鳄鱼之类，可以生活在陆地和水中，有的还能腾跃。古人对之又敬又怕又恨，提防有加。乾卦就反映这种心理，并且用它们的活动作为人事决策的依据。

叔姬听了说，还算有根据。接着说整个乾卦吧。我说，卦辞“乾：元亨，利贞。（帛书：键：元亨，利贞）”意思就是说，这是关键的一卦，一开始（元）关键处就畅通无阻（亨），那么就有利于占卜（贞）了。就像阿里巴巴喊“芝麻芝麻开门”一样，宝库大门一叫开，您就大发特发了。接下来，具体的爻辞一开始，就是“初九，潜龙勿用。（帛书：浸龙，勿用）”爬虫类都是冷血动物，夜间和清晨都潜藏起来，不外出，也无力外出活动。咱们这些有贼心，无贼胆，有贼胆，无贼力的银样蜡枪头，也是这副德性，趴着别动。到了上午九点十点左右，它们出来吸取热量了，因此人可以在田野间看见龙，即“九二，见龙在田，利见大人。”

这就是见龙在田

采自 www. souid. com　摄影：佚名

以前的易学大师们都说“见”是“现”。其实，“见龙”与“见大人”为同一句型，均为动宾结构。前面引的《左传》文字，说“龙见于绛郊”，“见”字在“龙”字后面，那才是“现”。反过来恰好可以证明“见龙”就是“看见龙”。而且，巫术占筮须以人之所感（所见、所闻、所嗅、所尝、所触）为征兆，物我才能交感。否则，物为物，我为我，毫无关系，因而毫无意义。古人对龙又敬又怕又恨，与见大人物的心情差不多。所以，你能见龙在田，而且它没打你的主意，放你一马，由此类推，你也就利见大人了。听到这儿，叔姬说，“九三，君子终日乾乾，夕惕若，厉无咎。（帛书：君子终日键键，夕沂若，厉无咎。）”怎么不说龙了呢？我说，还是在说龙呀。只是告诫有地位的君子们要特别小心。因为龙这家伙冷血、贪婪、凶残，故须严加提防（键键，门户重重加锁）。不仅白天要小心，晚上也得提高警惕，那样，即使有意外，也才能有惊无险。闻一多先生训“乾”为“忧惧”，可说入情入理。

这么个家伙出来横行，你若不心惊胆战，
严加防范，那你真死定了！
采自 lizad. intopet. com　摄影：佚名

叔姬说，九四呢？我说，接近中午，气温越高，龙吸收的热量也越来越多，热得受不了，不免入水凉快凉快，甚至有的有本事在水面上跳跃奔跑舞蹈呢。因为它忙着戏水，也就暂时顾不上夺你的小命，所以九四说：“或跃于渊，无咎”。

冠蜥（大的长达1米左右）跃于渊，放心欣赏吧，没事（无咎）！
采自 lizard. intopet. com 怪鸭兽文章《蜥蜴概况》摄影：佚名

这条鳄鱼仁兄已跃入水里，您暂时无咎啰！
采自 www. showing. com　摄影：佚名

叔姬说，嚯，蛮俏的嘛！会在地上爬，会在水上跳，不愧为龙！不过，九五说，“飞龙在天，利见大人。”真的会飞吗？我说，这有何难！让你见识见识：

飞龙蜥打开肋骨，当作翅膀，一跃可飞 30 米左右，佩服吧？
采自 cctv. com　摄影：佚名

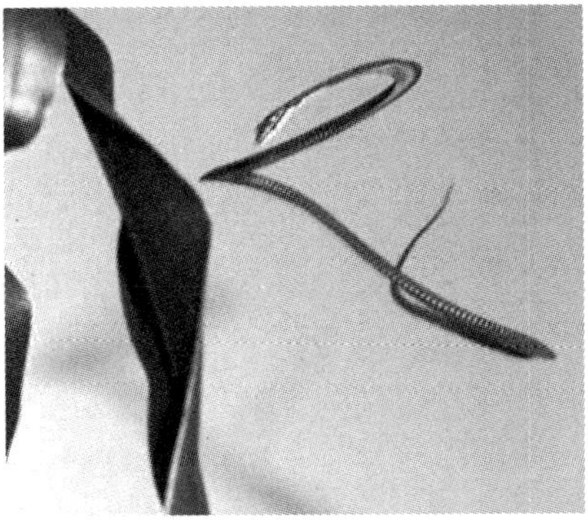

玉米地上空腾飞的蛇
采自 www.dtchong.com 网 zsyan 的文章
《会飞的蛇，你见过吗?》
摄影［美］杰克·索卡

天堂金花蛇，滑翔飞行速度可达每小时 20 英里，最远飞行距离 24 米。飞行时，圆圆的身体变形如同扁平的丝带，飘在空中。

龙飞上天，大人要升官啰，好心情，这时你去见他，管保有求必应，所以，各级领导一再提醒我们：可要抓住机遇哦！

叔姬说，“上九，亢龙有悔。”我懂得了。我说，未见得啊！你说是什么意思？叔姬说，不就是龙飞得太高了要掉下来吗？我说，那都是先儒们顺着上文说下来的。可是，“亢”哪有飞的意思呀？要那样，咱飞机别叫飞机，叫亢机得了，神七飞天别叫飞天，叫亢天得了。可那像话吗？“亢”的主要意思一是脖子（念 gang），二是极限（这时念 kang）。叔姬说，极限不也是过高吗？我说，你考试一百分，是极限吗？叔姬说，是极限。我说，但能说过高吗？如果过高，下次只给你九十分或者八十五分。叔姬说，好，我明白了，极限不是过头。接着说吧。我说，“亢”的第三个重要意思是坚刚，第四个是亢奋。你想，一个柔软的生物能坚刚多久？靠晒太阳取暖的龙又能亢奋多久？没多久就泄气了。这就是亢龙有悔。叔姬说，这跟人家说的飞得太高要摔跟头有什么区别。我说，有一点区别，不仅是字面意义的理解。飞得太高要摔下来，那是警告。亢奋的挺不了多久会泄气，这是描述，是叙述，不强迫你接受，供你参考，如此而已。所以，这条爻辞对吉凶不置可否，点到为止。不过，还有位民间易学大师跟我说，这条爻辞是另一种意思。叔姬说，什么意思？我（后悔说漏嘴了）说，记不起来了。叔姬一听，柳眉倒竖，喝道，想白拿课时费，是不？告诉你，自从你同意教我，我立马给你学费那时起，你肚里那些玩意儿的所有权就全归我了！快说出来！否则本姑娘揪着你舌头也要叫你吐出来！我说，别，别！我招就是。只是这说给你们姑娘家听有点不那个。叔姬说，说！本姑娘上网什么都听过，什么都见过，有什么好怕的！我说，好，我怕了你了！话说那位民间易学大师告诉我，这卦实际是说雄龙跟雌龙的事以及雄龙的反应。叔姬说，什么反应？我说，还吹你什么都听过，什么都见过呢！听过民间说的“上去美，下来悔”吗？叔姬说，没听过，什么意思？我说，天机不可泄漏。到此为止。再说我要短命了。我的小命比你的学费值钱。想深探讨，去读读老子的“牝以静胜牡”。说最后一条爻辞吧：“用九，见群龙无首，吉。”

叔姬说，这条爻辞我以前见过，字面不难理解，可为什么群龙无首就吉呢，这个道理至今没搞清。我说，孟老夫子说得不错，得天下英才而教之，是人生一大乐事。得你这天下慧女而教之，更是一大乐事！叔姬说，少说废话！说道理！我说，这条爻辞是《易经》第一大公案。你听过哪些解释啦？叔姬说，第一种，说是群龙飞得太高，云中看不见头了。我说，看不见头怎么就吉呢？何况俗话说“神龙见首不见尾”，没说“见尾不见首”啊！而且那还只是说一条龙，与群龙无关啊！叔姬说，不错，而且，刚才也说了，易经中的龙，就是现实中的爬虫类，飞龙蜥会飞也只是树梢那么高而已。这个解释说不服人。第二种解释是闻一多先生说的，“群”是“卷”的通假字，龙宜卷不宜直（亢），龙卷曲起来，当然就看不见首，也就吉了。我说，闻先生的说法可作参考，蜥蜴中有一种遇到危险就会卷曲起来。不过，这说法有点绕得太远。还有什么说法？

叔姬说，第三种解释说什么天德不为首，所以大家都不愿当头头，因而吉。我说，怎么谁也不当头头，或者说没头头就会吉呢？这没说清呀。俗话都说“蛇无头自乱”。况且，在中国，除了老子和庄子这两个傻瓜，谁不想当头？连叫化子都有化子头，监狱里的囚犯还有狱霸，连我也想当个教师爷的头呢！要叫中国人不想当头，或是没有头头管着，那比叫太阳从西边出来还难！秦始皇现在被吹成“千古一帝”，就因为他当了第一个专制大头头，给后来想当专制大头头的人张了本，提了气，做了样！不仅男的要当大头头，连你们妇道人家（叔姬一巴掌打过来，幸亏我躲得快）也忍不住了，也要当大头头。中国名义上历史上最后一个专制大头头不就是女的吗？中国人越是说天德不为首的，越是说他不想当头头的，越是想当头头！孔夫子做梦都想当摄政王周公呢！咱现在不也一天到晚的叫“二十一世纪是中国人的世纪”吗？这不也是想当个世界大头头吗？叔姬说，好了，别扯远了！说你的看法吧！

我说，听过穷书生发迹的故事吗？叔姬说，中国这种故事多如牛毛，你说的是哪一个？我说，话说在伏羲年黄帝月文王日周公时，有个穷书生上京赶考，来到一所破庙投宿，走到院子中，看见地上有一圈石子……叔姬说，别说了，那是听得连耳朵都磨出茧子来的故事了。这个书生没事手闲，就捡了颗石子放在那一圈石子中间；后来走到大殿上，又看见有人画了只鸟在墙上，但鸟没鸟头，这书生又手闲了，给添了个鸟头。后来，一伙强盗就出来要他当头。对不对？我说，对，对，对！懂得这个故事就懂得什么叫“见群龙无首吉”了！叔姬说，就这么简单吗？我说，是啊，就这么简单！你说，那伙强盗为什么要这书生当他们的头？叔姬说，因为他们找不到头啊？我说，为什么找不到头？难道论强盗专业他们中间哪一个都不如这书生吗？叔姬说，当然不是。我说，对了。论强盗专业，他们个个都比书生强，可为什么找不出头来呢？就因为大家都是强盗中的“龙”，谁也不服谁，这就叫“群龙无首”，这就要找一个大家都能接受的人来当头头。这书生走运，大概是占到了《乾》卦的“用九”吧，群龙无首，他正好可以来为首！强盗中的群龙都能接受他，谁也没意见！对不对？叔姬说，是有点道理。我说，不是有点儿道理，而是《易经》中最大的道理，没人当头，就意味着你有机会当头了，当仁不让，上呀！《乾》卦是《易经》中最吉利的一卦，“用九”爻辞则是《易经》中最最最吉利的一条占辞！

叔姬说，刚才讲的是传说故事。现实中也这样吗？举个例吧。我说，听说过咱对面那所大学的校长是什么人吗？叔姬说，听说是好人，老好人。我说，对了。咱对面那所大学可是藏龙卧虎之地，每逢校长位子出缺，这帮龙虎们个个眼睛盯着，就怕他们中间的哪条龙哪头虎爬上去，结果呢，群龙无首，最终是找个走运的老好人当校长，于是，人人安定，天下太平。这位老好人就是遇到了《乾》卦“用九”，“群龙无首”，对他就是吉兆。这个“吉”，不要想成对龙“吉”，而是对问占的这个人“吉”！再大点说，联合国里，哪些是龙？叔姬说，安理会常任理事国呗！我说，对！可是这些理事国有人当联合国秘书长吗？叔姬想了想说，好像没有。我说，不是好像，就是没有，从来没有！你想想，中美俄英法这五条龙，谁服谁呀？可谁又能整倒谁呀？你不服我，我不服你；我整不倒你，可你也整不倒我。好，咱就谁也别当头！谁当头呢？德奎利亚尔找咱伏羲老爷子占了一卦，得，“见群龙无首，吉”，恭喜德奎利亚尔，您大吉，这联合国秘书长的位子是您的了！德奎利亚尔走了，中美俄英法，又是群龙无首了。安南也找咱伏羲老爷子占一卦，得，又是“见群龙无首，吉”，恭喜安南，您大吉，这联合国秘书长的位子是您的了！安南走了，中美俄英法，又是群龙无首了。潘基文也找咱伏羲老爷子占一卦，得，还是“见群龙无首，吉”，恭喜潘基文，您大吉，这联合国秘书长的位子是您的了！你看，就因为群龙无首对潘基文吉，潘基文现在不就坐在联合国秘书长的位子上了吗！所以，你如果也找咱伏羲老爷子给你占一卦，又占到了“见群龙无首，吉”，那我也得恭喜你，你至少也可以在哪个跨国公司弄个大姐大当当！到时候你可别忘了这是我第一个告诉你的吉兆啊！

一拜天地，二拜高堂，该拿什么拜

过了一天，叔姬还问我，你说的那什么蛊的美容作用，是认真的吗？我说，有个女孩子想过河，可又胆子小，不敢过。憨山大师把她抱过去，过了河就放下了。你问大师去！叔姬说，啐！好稀奇！我自会找人问的！你上次不是说巫蛊祭祀连在一起吗？好像祭祀还没讲呢，是不是想偷工减料？我说，偷工减料，那是现代大学教学的专利，咱还没完全学会呢。我是看你上次听蛊毒美容术，有点心怀叵测，怕你窃取了我的蛊毒、鸡屎美容专利权，所以赶快打住。今天咱就接着讲《易经》中的祭祀。祭祀之为用，可谓大矣！正如今日之向官儿送信用卡，向黑社会交保护费！老天爷眷顾你，让你抢得江山，你不祭祀它，万一它又眷顾了别人呢？老祖宗保佑你当了大大王，你不给他点儿补给，他在阴间营养不足，体虚气短，被别的死鬼抢了威风，你的大大王位置岂不岌岌乎危哉！何况祭祀正合乎《易经》趋吉避凶、“吃小亏占大便宜”的民族优秀传统，岂能轻视？《易经》里专门说到祭祀的卦爻辞，至少有《豊》、《随》、《蛊》、《观》、《贲》、《损》（初九）、《萃》、《昇》等卦。其中的《昇》卦（帛书《周易》叫《登》卦，更明白）可说是描绘了一幅完整的祭祀仪式。

卦辞开宗明义就说：“升：元亨，用见大人，勿恤，南征吉。”意思是说，《升》卦表示要举行一场大宴享（这是“元亨”的另一解），该去见大人物了，请他来主持这次宴享祭祀，不用犹豫忧虑，祭祀后的南征军事活动一定大吉大利。《帛书周易》说得更有意思，“勿恤”是“勿血”，邓球柏先生说，这是要举行“血祭”的意思。你别忙着问，等会儿再跟你说“血祭”。好了，一条卦辞，把祭祀的场面（元亨）、主持（大人）、目的（南征），交代得清清楚楚，挺合新闻写法的“6w”吧。你今后写毕业论文就该这样写。接下来，初六便喊：“允升，大吉。”你听着像不像咱中央台节目主持人喊：“有请本次活动赞助商、世界知名品牌xx公司老总、宇宙知名企业家×××先生登场”？（我还忘了告诉你，咱小时候喊那些个兵痞子“丘八”，当面就得喊“老总”！）于是，鼓乐齐鸣，流行歌星就扯开嗓子唱“请到天涯海角来”，大人物某某“老总”就作满面春风科，一边向大家作揖招手科，一边登场科。咱就在台下也扯着嗓子喊：“红包，拿来！”“红包，拿来！”这就叫“允升”！拿到红包就是“吉”！大人登场后干什么呢？九二回答了：“孚乃利用禴，无咎。”又该举行春祭了，不会有什么麻烦。祭祀开始，九三喊道：“升虚邑。”这可不是叫大人物像诸葛亮那样唱空城计，而是请他阁下登上山丘（虚，即墟，丘墟也）上的祭坛（邑，非城邑）。接下来就更热闹了。因为到“六四”这一步了。这一步干什么呢？叫做“王用亨于岐山，吉，无咎。”这里的“亨”，是“享祭”。享祭谁呢？享祭岐山。岐山是周族发祥地，是周族的神山。享祭岐山的这位大人物可了不得，是“王”呢！可能就是大名鼎鼎的周文王吧。因为只有周文王这等地位的大人物，才有资格来享祭岐山。叔姬说，怎么就说是周文王呢？我说，周武王搞过一次大祭祀，那是在克商以后，在西周首都镐（hào）京宗庙里搞的。所以，《易经》里记载的这次大祭祀，就是周文王搞的了。至于前代的王季，还没这么高的地位和这么大的势力。再往前的老祖宗太王，那才在这一带站住脚跟，自保尚且不暇，哪里还有工夫去掳掠其他部族的人来祭天地？所以，《易经》里记载的这次享祭岐山，只能是周文王搞的了。

周文王之所以叫文王，据咱儒生们说，是因为仁德得不得了。下面咱来看看他是怎么仁德的。那就要看他的祭品了。这祭品是什么？这里没说，只说了个“王用亨于岐山”。但

《随》卦里有。《随》卦是讲捕捉俘虏的。六二说："系小子，失丈夫。"就是捉住小的，大的却跑了。六三讲："系丈夫，失小子。随有求得，利居贞。"捉住了大的，小的又跑了。但被追捕回来了。这下可以安心休息休息了。九五则是说："孚于嘉，吉。"从有嘉地区刚抓回来一批俘虏。真是大吉！抓回来干什么？上六告诉你了："拘系之，乃从维之；王用亨于西山。"抓来先是拴着，然后又捆起来，大王要用来享祭西山，也就是享祭岐山了！原来这享祭岐山的祭品是活人哪！也就是从其他部族俘虏来的大活人！用活人祭祀神山，这就是咱们的大圣人周文王的"文"！怎么用人祭歧山，咱稍后再讲。先把《升》卦全部仪式说完吧。假定咱那位"王"用人祭祀完了，这有什么好处呢？六五告诉你："贞吉，升阶。"占筮结果，大吉大利。你可以上一个台阶了！不仅如此，上六还说："冥升，利于不息之贞。"你就是夜间闭着眼睛登山也没事了，而且永远没事了，还利于不停地问占呢。任何时候问肯定都是吉利！

叔姬说，那这祭祀具体怎么搞呢？我说，这就是前边提到的邓球柏先生说的"血祭"了。不过，邓先生说那是商代的事，恐怕不太准确。因为"血祭"后土山川，也就是"社祭"，那是周代特有的祭祀活动。《周礼·春官·大宗伯》记载了"大宗伯"的职责权利是：

以禋（yīn）祀祀昊（hào）天上帝，以实柴祀日月星辰，以槱（yǒu）燎祀司中、司命、飌（fēng）师、雨师，以血祭祭社稷、五祀、五岳，以貍沈祭山林川泽。

这里说，祭社稷、五祀、五岳，都是用"血祭"。血祭怎么搞呢？据近代学者丁山先生考证，甲骨文的"社"字，也就是"土"字，上方常带有点滴符号。这点滴符号，实祭是象征滴血以祭。丁山先生又根据春秋时期的历史，发现仍有不少用人祭社、用人祭山的事实，推定《周礼·春官·大宗伯》“血祭”一语，实际是指用人做祭品，叫做“人牺”，或者叫“人牲”。具体方式就是以人血滴于社主之上。春秋时期的一些典籍中，可以看到更具体的解释。《春秋·僖公十九年》载：“邾人执鄫子用之”。《公羊传》解释说：“恶乎用之？用之社也。其用之社奈何？盖叩其鼻，以衈（ěr，或作“血”）社也。”意思就是说，邾人把鄫子用到哪里去啦？用去祭社了。用去祭社是怎么回事儿呢？就是打坏他的鼻孔，用以祭祀社主。《谷梁传》也是这样解释：“用之者，叩其鼻以衈社也。”那么，打人的鼻孔，怎么就能祭祀社主呢？《后汉书》作者范晔的祖父范宁，在他所撰的《春秋穀梁传集解》中进一步解释说：“衈者，衅也，取鼻血以衅祭社器。”原来所谓“血祭”，就是打破作为祭品的“人牺”的鼻子，让鼻血滴在社器上。而所谓“社器”，就是木制或石制的社主模拟物。滴血之祭就是让这个“人牺”的血一直流到罄尽人亡而止。今天，云南很多地方还供着所谓“土主”。“土主”其实也就是当地的“社主”。只不过现在学了佛教规矩，只是对他烧香磕头，没有血祭之类的盛大活动了。叔姬听了说，吓死人了！不过，怎么知道一直要让这些人牺流鼻血要流到死呢？我说，《左传·僖公三十三年》载秦晋殽之战，那是一次有名的历史事件。晋国俘虏了秦国三帅。但晋国国君晋襄公的母亲文嬴是秦穆公的女儿，她请晋襄公释放了秦国三帅。既而晋襄公又后悔了，派阳处父去追回三人。阳处父直追到黄河边才追上，但三人已下船了。阳处父解下拉车的左马，以晋襄公名义赠给他们，要骗他们上岸。但秦国三帅没上当，“孟明稽首曰：‘君之惠，不以累臣衅（xìn）鼓，使归就戮于秦。’”意思是说，晋君开恩，没用我们去衅鼓，而是让我们回秦国去接受死刑。从这里看，让人受戮就死，比起用人作牺牲，竟是一种恩惠。可见作牺牲的人是非死不可的，而且死得一定要比被砍头之类痛苦得多。从这儿还可以看出，商周时期，用俘虏作牺牲是很平常的事。祭天地山川要用人牲，战胜祭鼓，也要用人牲。而把人鼻子打坏，让鼻血流出来作祭祀用，可说是周文化——咱儒家文化的根本——的一大发明。因为用别的方法让人流血，都有不方便处。一刀砍了头，一腔子血喷出来，祭祀主人不好控制使用，而且时间太短，失去了祭祀的庄严。让人牲的血从鼻子流出来，一点一滴，毫不浪费，很符合祭祀经济学原则，祭祀主人易于控制使用，时间又较长，足以显出祭祀的庄严。而且，人牲像这样慢慢流血死去，大概也不十分痛苦，很符合尧、舜、文王、武王乃至孔子的仁义原则！

除了《易经》记载的这次周部族祭祀岐山外，周的另一次重大祭祀活动，就是武王克商以后的大祭了。这次大祭在镐京宗庙举行。《逸周书·世俘》记载了其整个过程。《逸周书》被儒生排除于正史之外。但是，像鲁迅先生说的，有时，野史记载的事比正史还可信。其中涉及用人作牺牲的有以下内容：

> 庚戊，武王燎于周庙，……用俘，皆施佩衣，先馘（guó）入。武王在祀，太师负商王纣首，县白旂，妻二首赤旂，乃以先馘入，燎于周庙。……癸丑，荐殷俘王士百人。……用牛于天稷五百有四，用小牲羊豕于百神水土社二千七百有一。

据赵光贤先生考证，这事发生在公元前1045年4月16日（庚午）至21日（乙卯）。先是武王在宗庙点燃圣火，亲自主持，用俘虏祭祀列祖列宗。先把割取的敌人的耳朵献上，从数量上报功。周太师把商王纣的脑袋背上来，挂在白旗上，还有纣王两个妻子的脑袋，挂在赤旗上，不知这里有没有选美冠军世界小姐苏妲己的头，然后在周的宗庙里焚烧了。癸丑（19日）这一天，又献上俘获的殷商王士百人。当然，这一百人也是做了人牲。乙卯（21日）献上作牺牲的牛五百零四头，猪羊二千七百零一头。

叔姬听了说，一次祭祀就用一百多人和三千多头家畜作牺牲，太可怕了！不过，哪来那么多牲畜啊？我说，那还是在游牧经济时代，牲畜多，人口少。后来，咱可是人口生的比牲畜还多，而牲畜反而生得比人口还少了。所以，老舍先生的《四世同堂》里那位老太太自豪地说，不怕日本鬼子杀咱的人，架不住咱生得多啊！这也是咱民族值得骄傲的地方！不过，比起商代，周代确实还算仁义多了。《易经》里提到的商王武丁最大的一次祭祀就用了一千多人作牺牲。

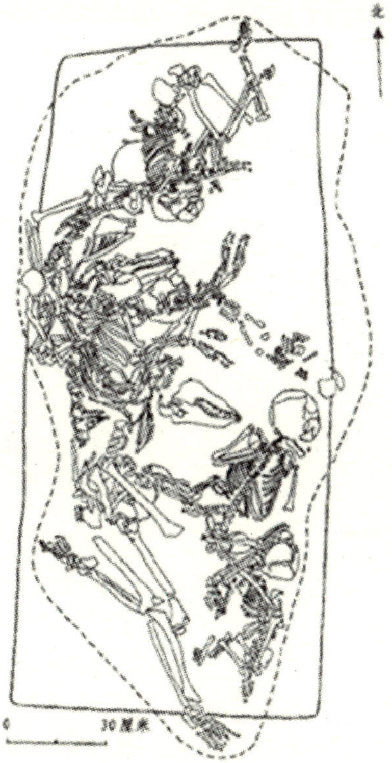

郑州南关外商代前期 C9·1H111 祭祀遗迹内人兽骨架堆积
（《郑州商城》，转载自黄展岳《古代人牲人殉通论》）

商代不仅用人作牺牲进行祭祀，在建筑中也使用人牲。有的人牲用于奠基仪式，有的人牲用于宫殿落成典礼。人牲中，有成年人，也有少年儿童，甚至幼儿。有的是杀死后抛入祭祀坑内，有的则是活着就被捆绑着，硬塞到祭祀坑里。所以，有不少人牲骨架呈现极其痛苦扭曲变形的姿势。在河南二里头遗址 1 号宫殿基址内，有五座特殊的墓葬，五具被埋葬者都是少年儿童，手足均被砍断，折叠作跪坐状。这应该是这座宫殿建造或落成时举行祭祀用的人牲。二里岗一处祭祀遗址，埋着成年骨架二具，孩童幼婴骨架六具。出土时，这些骨架都姿势异常，有的头低足高，斜靠坑壁；有的低头，双手背后交叉；有的躯体弯曲；大多像是被捆绑起来，头向下扔到坑里埋葬的。这些你若有兴趣，可以看看黄展岳先生的《古代人牲人殉通论》。

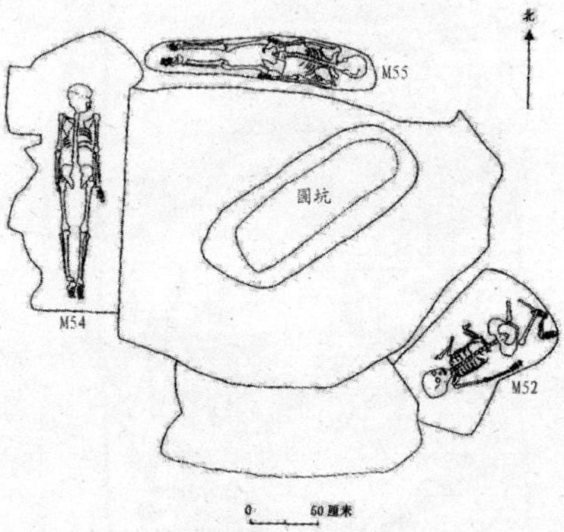

河南偃师二里头商代 1 号宫殿主殿堂北部
圆坑埋葬的人骨架（《偃师二里头》，
转载自黄展岳《古代人牲人殉通论》）

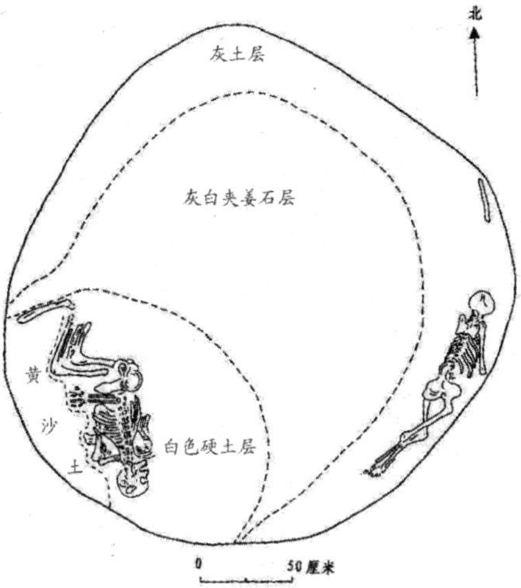

二里岗遗址商代前期 C5·1H171 祭祀遗迹内的人骨
（《郑州商城》，转载自黄展岳《古代人牲人殉通论》）

周代用人祭祀规模不如商代，应该是个历史进步。但周代以活人作为殉葬品的制度，比起商代却毫无愧色。商代武丁打了胜仗，一次祭祀用人牲上千，是可考历史纪录的最高峰。但是，那是一场大战之后。而下面这幅图中这位西周贵族呢，一个人就要三个人殉葬。咱现在衡量经济的指标不是有两种吗，一种是国民生产总值，一种是人均生产总值。若按人牲生产总值算，商代远远超过周代；但若按人均人殉生产值算，西周确实不遑多让于商代。

叔姬这时打断我说，说起人殉制度，我倒想起一件事来了。咱孔老夫子不是很讲究什么“仁者爱人”吗，他对人殉制度怎么看的呢？我说，佛言“不可说，不可说！”叔姬说，什么“不可说，不可说”的？没听过“书有未曾经我读，事无不可对人言”的江湖规矩吗？我说，你那是江湖规矩，可咱是“名教中人”呀！祖师爷孔老夫子教导咱们说：“为尊者

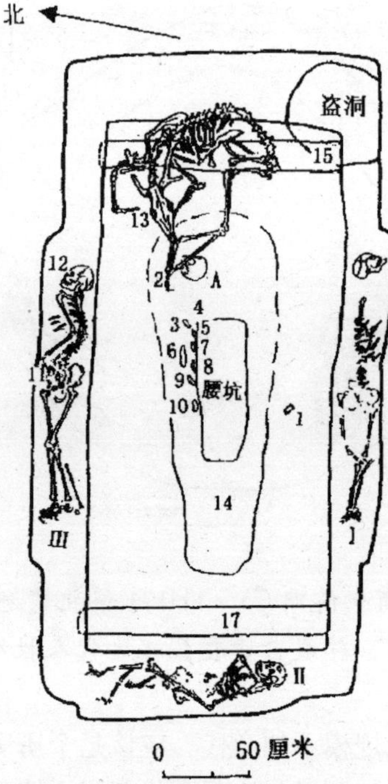

沣西张家坡36号西周墓

(《考古学报》1980.4,转载自黄展岳《古代人牲人殉通论》)

A.墓主头骨 Ⅰ、Ⅱ、Ⅲ.殉人 1.铜铃 2、4∽10.玉饰 3.骨器 11.蛤壳 12.贝 13.鹿骨架 14.朱砂痕 15.枕木痕

讳，为亲者讳，为贤者讳”，“子为父隐，父为子隐，直在其中矣！”咱还是不说了吧！叔姬怒道，不说就执行合同！我说，执行合同我也不说，为祖师爷倒一次霉，得其所哉，得其所哉！叔姬转怒为笑说，看不出来，你这儒生也能学学江湖泼皮，也有死猪不怕开水烫的时候。好了，不问你这个了。另外向你请教个问题。我说，说吧，只要不涉及咱祖师爷的疮疤

（这话说错了，祖师爷怎么会有疮疤？自己掌嘴十下，以儆效尤），都可以问。叔姬说，要是答不出呢？我说，你说怎么办吧？叔姬说，学学佛罗伦萨治但丁的办法，把你当但丁治一回，好不好？我说，把我当但丁？好呀！怎么治？叔姬说，脖子上挂块牌子，上书“答不上来，白混饭吃”，在校园里游三圈。我说，你也忒小看你老师了！问吧！叔姬说，有人问我“始作俑者”是什么意思，我说不上来，觉得怪丢老师您脸的。你能说说是什么意思吗？我说，我以为是什么孔老夫子都答不上的问题呢！这纯粹小菜一碟。话说，这是咱孔老夫子的一句名言，说的是有人不按古代殉葬规矩办事——（我忽然发觉中了小妮子的圈套了，便打住说）咱不说了行不行？叔姬说，怎么啦？往下说呀！我说，我上你当了！叔姬说，是不是答不上来？好，那就挂牌子吧，我早预备好啦！游完这三圈，我看你也不用在这学校混了，另请高就吧！我一听，欲哭无泪地说，祖师爷！我为往圣继绝学，自命国学专家哪！这“专家”二字把我害惨啦。因为我不当专家还能当什么哪？不在这学校混，我去哪里混呀？别人是“饿死事是小，失节事是大”，可我是“失节事是小，饿死事是大”。我若饿死了，谁来继您的绝学哪？开罪了，弟子这给您磕仨响头！请恕弟子不孝啦！

我之悲戚，本想让叔姬心软，放我一马，不料这小妮子心还真硬，竟说，不必那么自责。孔老夫子生在鲁国，却崇洋媚外，周游其他国家找官儿做，也没像你这么伤心呢。奥运会汉奸赛大项的历史纪录，冠亚季军都被你们儒生全包了，你们创下的世界纪录，至今无人破得了。你不继承这些优秀传统，怎么也学起江湖规矩来啦？乖乖往下说吧，那才是好老爷子！我望空给祖师爷磕了仨响头，然后说道，话说有人死了老爹，不按古义办事，自己不肯给老爹殉葬，用木头或是别的什么做了个“俑”，代替自己给老爹殉葬。咱祖师爷谈到这件事，很是痛心疾首，可是又出名的温良恭俭让，便温文尔雅地评论道：“始作俑者，其无后乎？”这话只有两种解释：一种是挖苦：“第一个制作俑的人，大概是断子绝孙了吧？”连个殉葬的儿孙都拿不出来，这不丢人吗？另一种解释则是诅咒：“第一个制作俑的人，大概要断子绝孙！”这小子不肯给老爹殉葬，活该子孙绝后气，祖坟断香烟！所以，咱现在谁带头干坏事，人家就说他是“始作俑者”。说完了，让我再给祖师爷磕仨响头，以示谢罪！叔姬说，响头等会儿再磕。问题还没完呢。听说秦始皇残暴得不得了，长平一战，坑杀赵卒四十余万。可这秦始皇兵马俑坑怎么没挖出一个殉葬的活人来呢？我说，我不知道。你问秦始皇去！叔姬说，我也没要你答这问题。我的问题是，就人殉制度来说，你说是孔老夫子开明些，还是秦始皇开明些？我说，秦始皇陵还没挖开，你怎么知道他没用人殉？叔姬说，孔老夫子不是说研究问题要“毋意，毋必，毋固，毋我”吗？秦始皇陵将来挖开，那是将来的事。咱只说现在，他没有用活人殉葬，而是用“俑”。他跟孔老夫子，哪个开明些？我说，祖师爷，弟子再磕仨响头，再次谢罪！弟子不得不说，在殉葬制度上，暴君秦始皇就现今所知而言也比您老人家开明些。叔姬又打断我说，老爷子，听说您十年大革命期间还在胸脯上别过像章哪？我说，那不稀奇。人人衣服胸前都别过像章。叔姬说，我听说的意思不是别在胸前衣服上，而是别在胸脯子的肉上，还有的别在耳朵上，有的别在眉头上，是不是？我说，咱扯远了。叔姬说，不远，都跟课程有关。你说有没有那档子事儿？我说，有。怎么啦？犯法吗？叔姬说，不犯法，还值得人敬佩呢！不过，你说，这有没有点儿像人殉的心理啊？我恶狠狠地答道，没有！咱那是尊敬！叔姬说，那些愿意给老爹殉葬的，不也是出于尊敬吗？还有天伦之情呢！好啦，老爷子别赌气，咱今天课就上到这儿，别把老爷子气出个好歹来，有问题都没地儿问去啦。

富以其邻，不富以其邻（一）

转天，叔姬为了哄我，请我去吃大名鼎鼎的小肥羊，吃得我蛮高兴。乘着我开心，她问道，老爷子，这《易经》里有小肥羊吗？我说，怎么没有？《大壮》一卦，说的全是羊。九三："羝（dī）羊触藩，羸（léi）其角。"老公羊用角去顶篱笆，结果把角都顶坏了。所以，你今后上网，少去"顶"，留神哪天把角顶坏了！叔姬说，不劳你操心。长角是你们男人的专利！接着说正经的。我说，还有九四："贞吉，悔亡；藩决不羸，壮于大舆（yú）之輹（fù）。"这一卦占得吉利，没啥后悔的。老公羊一顶，把篱笆顶坏了，因此角没受伤，可是顶大车的车伏兔（垫在车轴与车厢之间的木块）却顶伤（壮）了。至于六五："丧羊于易，无悔。"以前已说过，那是王亥的故事。叔姬打断说，王亥的羊被有易的人抢了，怎么还无咎呢？我说，羊被抢了，但人没伤着。这不就是无咎吗？最后上六说："羝羊触藩，不能退，不能遂，无攸利；艰则吉。"老公羊顶篱笆，退不得，也进不得，就像老母猪钻障子，两头不是人，所以没什么好处，可能还卡住脱不了身。但只要坚持一会儿，也就大吉大利，脱套脱出身来了。嗨，我这话听去怎么有点儿像股市专家似的？叔姬说，不错，股市专家也是你这腔调。你可以兼职做股市评论了。还有说羊的吗？我说，《夬》卦九四："臀无肤，其行次且；牵羊悔亡，闻言不信。"说的是一个人屁股都瘦得没肉了，走起路来，趑趄不前，还好，牵了头羊没丢，听了别人的话也不轻信。九五："苋陆夬夬，中行无咎。"闻一多先生说，"苋"是细角山羊，"陆"是"踛"的通假字，跳跃。夬夬，是跳得欢腾。羊在途中跳得欢腾，不就是无咎了吗。叔姬说，这也属于动物占啦？我说，不错。这些都属于动物占，通过动物现象判断吉凶。叔姬说，还有别的动物吗？我说，有。牛也挺多。主要是《小畜》、《大畜》两卦。过去的易经师大多把这两卦解释为“小有积蓄”和“大有积蓄”。其实，这两卦主要都是说畜牧的事。《小畜》卦辞说：“亨；密云不雨，自我西郊。”在游牧经济时代，家畜就是最大的财产。所以涉及家畜的当然是“亨”。但要下雨了，你最关心的是什么？当然是没收回家里的东西，第一关心的就是家畜，尤其是小家畜，到处乱跑，要下雨了还不回来。不过还好，初九：“复自道，何其咎？吉。”它顺着路回来了，那还有什么麻烦呢？所以就是吉。九二说：“牵复，吉。”赶紧走几步，把它牵回来吧，这就是吉。九三说：“舆说辐，夫妻反目。”又出了点小麻烦，车散架了（《帛书周易》的“辐”字是“輹”）。两口子因此吵起来了。你看，不是很有趣吗？再看《大畜》卦辞：“利贞。不家食。吉。利涉大川。”利于占筮。不在家里吃食，那就是说，野外食物丰富，牲畜自己会找食，当然吉。而且这次还利于涉过大河，到其他地方放牧。初九：“有厉，利已（巳）。”大概是牲畜有点毛病了吧，但通过祭祀还能好转。九二：“舆说輹。”跟《小畜》一样。可惜那时候没有现代小轿车的什么麦迪逊悬挂，要不两口子也不用拌那么多嘴了。九三有意思：“良马逐，利艰贞。曰闲舆卫，利有攸往。”好种马在追骒马，这预兆可以繁殖好马了，当然利于艰难时候的占筮。六四：“童牛之牿，元吉。”历来的解释都是说，小牛长角了，在它角上绑根横木，免得它顶伤人。我在农村长期生活，没见过哪头小牛敢顶人、会顶人的，除非它患了疯牛神经病吧；也没见过、没听过哪家农民给小牛角上绑根横木的。这大概也是四体不勤五谷不分的经师们想当然的说法。其实，这条爻辞应该说的是，小牛长大了，可以训练它干活了，给它套上牛轭，或是两牛偶耕的横轭，它都乖乖接受了。这下家里又多了一个壮劳动力，当然大吉！最有意思的是六五：“豮（fén）豕之牙，吉。”猪长了獠牙，好怕人耶，怎么还吉呢？原来这头猪是头“豮豕”，就是阉割过的猪。凡是阉割过的动物脾气都温和。这头猪被阉割过，脾气当然也温和，长得又肥又壮，最适合作祭品，这当然是吉啦。这在甲骨文里已有记载：“丙子卜㱿贞乎言饮河尞三豮三羊卯五牛”。你看，一次祭祀，就用了三头劁过的大公猪哪！所以，以后女孩子脾气太大的，是不是也可以参照一下这种办法处理？

叔姬一听，眉毛倒竖起来，喝道：我看倒是该把你送医生那儿处理一下了！我说，行啦，我又没说你。难道你自认脾气大吗？叔姬说，再敢狡辩，就挂牌游校园！我说，好啦，还是说咱的八戒老兄吧。有一卦讲猪兄讲得最好，那就是《遯》卦。过去咱的儒生们有时得不到上头赏识，心里不舒坦，就借题发挥，说这一卦是讲贤人隐遁。他们真不怕把自己等同于猪兄。这点勇气和天真，倒真的可爱！还是看看《遯》卦怎么说的吧。这卦的“遯”，其实就是“豚”字，即八戒老兄。卦辞开宗明义就说：“亨，小利贞。”你看，凡是涉及牲畜的，多半都是吉利。叔姬打断我说，且慢！这“小利贞”是怎么回事？我说，小利贞就是利于预测小事。叔姬说，为什么这一卦开始就说只利于预测小事呢？我说，像梁山好汉一样英雄排座次，猪兄该排第几？叔姬说，是不是第三？我说，是呀！三牲太牢“牛羊猪”，猪兄确实只排第三。排第三就只能管管小事啰。叔姬说，咱这等级制怎么都用到动物身上去了？我说，不是用动物身上去了，而是咱还没丢掉动物原始习性。你想，哪种动物、哪个动物不会排等级制？连猴子都讲究大猴王、二猴王、三猴王呢。你没看《动物世界》吗，找食物，那是小猴子、尤其是没妈的孤儿猴的事，吃呢，第一口是大猴王的，第二口是二猴王的，依次下推。那找到食物、取来食物的孤儿猴，却要等到最后才得吃。否则，无小人无以养君子，无君子无以治小人，那还得了！猴子都如此，人间就更厉害了。小猴不服小，猴王或者大猴就咬它。小猴如果勇敢点，还嘴相咬，嘴对抗嘴，谁胜谁负，还难说。咱人就不一样了。小百姓赤手空拳，大大王们武装到牙齿，而且下面还有多少级打手，军队啦，警察啦，你惹得起吗？所以，马克思说国家是阶级统治的工具。所以，咱小民就该向八戒老兄学习，有空就睡睡觉，睡醒就吃个饱，师父叫探山就出去转转，猴哥叫化缘就拿着钵盂出去走走，管管小事就行了。且说这管小事，最大的好处就是少操心，能长肉。所以，《遯》卦初六："遯尾，厉。勿用有攸往。"猪兄到处跑，不好。应该哪儿也不去。六二说："执之用黄牛之革，莫之胜说（脱）。"如果猪兄忽发野性，对不起，那就要用黄牛革做的绳子捆起来，那就没有一个猪兄能挣得脱了！九三接着说："系遯，有疾厉，畜臣妾，吉。"这位猪兄还是要拴起来，大概是得了猪蓝耳病了吧。不过豢养男女仆人倒不错，吉。九四："好遯，君子吉，小人否。"一头好猪，对谁有利呢？当然是对君子，因为春秋以前，只有君子以上的贵族才有资格吃肉。所以，《左传》里那个曹刿说"肉食者鄙"，大概也是因为不得肉吃而骂娘。既然只有君子才有资格吃肉，咱小人当然就免提了。接着，九五告诉咱："嘉遯，贞吉。"做头好猪吧，这预兆对主人、对猪兄自己大概都好。上九更好："肥遯。无不利。"猪兄能长得肥肥的，当然无不利啦。去年据说是金猪（其实"丁亥"是火烤猪）之年，你看广告上哪头猪画成瘦的啦？肥猪满圈，这就是咱中国人的福！肥猪不满圈，肉价就飞涨啦！

叔姬说，《易经》里这些牲畜还蛮热闹啊！我说，是呀，六十四卦差不多有六卦全是说畜牧。单条爻辞说到畜牧的更多。前面讲过的《晋》卦的"康侯用锡马蕃庶，昼日三接"，那是稍微熟悉《易经》的人都知道的名句。还有一卦更有意思，那就是《咸》卦，可以说，那就是咱中国最早的相马经。卦辞开张就说："亨，利贞；取女吉。"你看，涉及牲畜就是亨通，预兆吉利。而且利于娶媳妇呢，当然吉利。不过，大概就因为有了这句“取女吉”，便使人觉得这卦直接跟女子有关。其实，照咱中国古代优秀文化传统，跟妇女有关的，不一定都是抬举妇女。老财家娶儿媳妇，钱哪里来？卖头大牲口！所以，儿媳妇等于是用一头大牲口换来的，这媳妇的地位也就相当于一头大牲口。《咸》卦讲的就是大牲口的事，当然跟“娶女”挂得上钩。好了，到底讲的什么呢？讲的是买卖马匹时候的事。不要说在《易经》时代，即游牧时代，就是在今天，买匹马也不是小事，当然要慎重。如何慎重？《咸》卦初六就告诉你了：“咸其拇。”验看一下它的蹄子（拇）。接着，六二说：“咸其腓，凶；居吉。”验看一下它的小腿。大概是小腿不尽如人意吧，所以凶。安居不动，别忙着往外掏钱，就吉利了。九三继续“咸其股，执其随，往吝。”要验看一下它的的大腿，捏捏它的腿肉。往后有麻烦。九五更进一步，“咸其脢（méi），无悔"，还要验看一下它的髀骨，那就没后悔了。记得杜甫的诗里说：“向前敲瘦骨，犹自带铜声。”赞叹的就是这个环节。不过，最后还要验看一下它的牙口，即上六说的：“咸其辅、颊、舌。”如果六口正当年，那这匹马就太好使了！古代世界文献里面，能和这些卦爻辞相映成趣的，有罗马大诗人维吉尔的农事诗《农夫集》。其中第三卷写到如何挑选母牛。且听老师我译出来，吟诵给你听听：

母牛要头颈粗壮，又野又犟，
喉下胃囊，直垂两腿中央，
两肋又宽又长，
膘肥体壮，
耳大腿粗蹄子宽，
黑皮白花，毛光发亮，
轻易不肯套上牛轭，
想顶人两角直晃，

活像公牛，一迈步头角高昂，

大尾巴会把蹄子印扫个精光。

叔姬听了说，有趣，有趣！这才是大家！比听那些一天到晚“爱”啦、“死”啦的哭尸滥韵，精神多了！还有别的吗？我说，除了畜牧以外，渔猎也热闹哪！《明夷》整个一卦，讲的就是猎鸟。《师》六五：“田有禽，利执言。”田猎得到了野兽，这就象征可以抓到俘虏。田猎还成为军事训练呢，《同人》：“同人于野，亨，利涉大川，利君子贞。”把人们召集到郊野，通过田猎进行训练，就是顺利，将来就利于涉过大河，当然也就利于军官占筮了。有时，不仅打到野物，还有意外收获。《解》九二说：“田获三狐，得黄矢；贞吉。”打猎捕到好几只狐狸，还得到一支铜箭。这一占太吉利了。上六说：“公用射隼（sǔn）于高墉之上，获之，无不利。”一位公侯在高墉上射得一支隼，预兆诸事顺利。《巽》六四说得更好：“悔亡，田获三品。”捕到的猎物有好几种哪！当然，打猎也并非时时顺利。《屯》六三说：“即主鹿无虞，惟入于林中，君子几，不如舍，往吝。”一位君子追逐一头鹿，但没有守林人带路，结果，追到树林里去了。这位君子想想，还是只好放弃。因为再往前恐怕就要有麻烦了。《比》九五说：“显比；王用三驱，失前禽。”一大群人汇合起来进行大检阅，大王几次追捕，可是最后还是把前面的猎物追丢了。《恒》九四干脆说：“田无禽。”什么野兽也没有，白来了。

战国车马猎纹鉴（参见容庚《殷周青铜器通论》）

渔猎，渔猎，打猎当然还要捕鱼。《井》九二："井谷射鲋，甕敝漏。"在井底的小坑里居然能射到鲋鱼，不过，打水的土罐漏了。《剥》卦六五说："贯鱼，以宫人宠，无不利。"过去说成封建时代皇帝老倌儿宫中的宫女鱼贯而入，得宠爱什么的。可是，《帛书周易》的文字是："贯鱼食，宫人笼，无不利。"这就好理解了，是叉鱼来吃，宫中官吏用笼子装去了，没有什么不利的。别看只是点鱼，有时还关乎吉凶呢。《中孚》卦辞说："豚鱼吉，利涉大川，利贞。"豚鱼大概是游泳冠军吧，所以，预兆涉河顺利，是吉占。《姤》九二说："包有鱼，无咎。不利宾。"厨房里有鱼，这就没麻烦了。但不利于去做客。本来嘛，自家有鱼吃，还做什么客呢？反过来，九四说："包无鱼，征凶。"厨房里没鱼，那就预兆有凶险。咱现在一天到晚的喊"与自然和谐相处"，可是咱能和谐到上古时候这种状态吗？

叔姬说，《易经》里渔猎游牧那么热闹，可是有没有农业呢？我说，有，只是比较少。最明显的涉及农业的卦，就是《大有》。李镜池先生说，"有"像手持耒耜（lěi sì），应该是不错的。所以，"大有"是与农业有关。但是，真正涉及农业生产的信息，又确实很少。九二说："大车以载，有攸往，无咎。"应该是收获以后用车拉回去，而且有去的地方。俗话

成都扬子山2号墓出土画像砖弋射图(参见《四川汉画像砖》)

说，手中有粮，心中不慌。尽管游牧时代植物产品并不占主要地位，但仍是人的重要生活来源之一。所以，有了收获就无咎了。九三：“公用亨于天子，小人弗克。”农作物有了收获，尤其是土特产，当然要进贡给天子，享宴天子。那是必须公侯一类“为王卿士”的大人物才有资格。所以，咱小百姓应该有自知之明，不用去瞎掺和了。另外一卦更有意思，那就是《临》卦。象数派也好，义理派也好，都把这个“临”字解释为“君临天下”之“临”。没办法，咱们儒生是三句话不离本行。不讲人统治人，世界似乎就不是世界了。只有闻一多先生认为，“临”是“瀶”的通假字。“瀶”是降雨。因此，这一卦是涉及农业的。闻一多先生的解释大体是这样的：卦辞说“元亨，利贞。至于八月有凶。”本来是“元亨利贞”，为什么八月会有凶呢？原来八月间还大雨霖霖，自然有凶。叔姬打断我问道：八月有大雨，不是还算正常吗？为什么说凶呢？我说，其实这里涉及历法问题。三代历法，周历建子，殷历建丑，夏历建寅。若是周历八月或殷历八月，那就相当于夏历十月或十一月；而夏历十月，至少相当于当今公历（阳历）十一月了。以今日情况看，十一月还大雨霖霖，确实凶险。至于各条爻辞，比如初九“咸临，贞吉。”九二“咸临，吉，无不利。”六三“甘临，无攸利；既忧之，无咎。”六四，至临，无咎。”六五“知临，大君之宜，吉。”上六“敦临，吉，无咎。”闻一多先生认为，“至临、知临、敦临”中的“至、知、敦”三字，意思都是“怒”。那么，“至澢、知澢、敦澢”就是大雨了。雨水充沛，于农业当然有利。而“甘霖，无攸利；既忧之，无咎。”甘霖本应是好雨，但春雨过大，也不利于春耕。所以“无攸利”。但“既忧之”的“忧”，是“耰”的通假字。虽然雨量过大，但耕地已锄耰过，也就无妨了。

《帛书周易》出来后，这一卦涉及的内容就更清楚了。原来这一卦叫“林”。初九是：“禁林。贞：吉。”九二仍是：“禁林。吉，无不利。”禁林就是禁止砍伐森林。这一点并非今人专利，古人已懂得森林的重要。今日云南少数民族地区仍有设置神山圣林的习俗，天然是一种保护水源林的措施。六三是“甘林，无攸利；既忧之，无咎。”邓球柏先生解释“甘”为“小砍”。其实，不如用今日话说，就是间苗疏林的意思。树林太稠密，也长不好。所以要适当地间伐一部分。六四是：“至林，无咎。”邓先生释为来到林地以尽管理之责。六五是“知林，大君之宜，吉。”“知”也是管理之意。一国之君，当然要负起管理树林的责任。上六是“敦林，吉，无咎。”森林茂密，任何时候都是吉利的。叔姬说，看来，越是古人，越知道森林的重要；越是现代人，越不懂得森林的重要了。我说，也不好这样说。现代人知道破坏森林可以发财，古代人倘若也懂得这一点，地球大概早已成火星了。不过，比起森林来，《易经》时代对农耕并不十分热衷。前面咱已说过，《无妄》六二说：“不耕获，不菑畲，则利有攸往。”这就是告诉你，不用耕种而有收获，不用垦荒而有熟地，这就利于有所往了。叔姬有点儿不解地问道，不耕而获，不垦殖而得地，这是什么意思？我说，什么意思？就是去抢人家的。古今中外游牧部族都讲究这一套。成吉思汗就是集大成者，一代天骄，横绝欧亚，干什么？无非就是掠夺农耕部族的财富。只是若论拥有这种主张的专利权，《易经》比成吉思汗资格老多了。这也就是咱一再说的，《易经》的观念属于游牧文化的英雄主义时代。冒险、掠夺、战争，都是正当的发财手段。这种观念，用《易经》中的话说，就是“富以其邻”（《小畜》六五）、“不富以其邻”（《泰》六四、《谦》六五）。这是《易经》的一条基本原则，或者说英雄时代的基本道德观念。叔姬说，这两句话是什么意思？我说，意思就是：要想富，抢邻居；不能富，邻居抢。

叔姬说，说得具体点儿嘛！我说，你看，《泰》卦六四说“翩翩不富，以其邻，不戒以孚。”意思是说，劳碌奔波，可还是富不起来，原因就是邻居（抢去了）。而且，由于不接受教训，所以一再被抢。这是沉痛的教训总结。怎么办呢？《谦》六五说：“不富以其邻，利用侵伐，无不利。”既然被邻居抢了，富不起来，那就利于反过来侵略他，讨伐他，因为这下理由在你这边了，怎么打怎么有理，所以无不利。侵略抢夺邻居有什么结果呢？那就是《小畜》九五说的：“有孚挛如，富以其邻。”有回报了，成果累累，你富起来了，因为掠夺了你的邻居。除了这个相互抢掠的大道理，《易经》里还有许多相互抢掠的战略战术。《蒙》卦上九说：“击蒙，不利为寇，利御寇。”就是告诉你，把居住地周围小山包上的草木除光，这样虽然不利于自己为寇抢劫别人，因为易于暴露，但是利于抵御别人为寇来抢劫你，因为你容易发现他们。《需》卦九三：“需于泥，致寇至。”警告你要是陷在泥淖中，就要赶快想法脱身，否则就会引来强盗。《解》卦六三：“负且乘，致寇至；贞吝。”也是告诉你，你又背着东西又乘车，那也会招来强盗。所以，这一卦预兆有麻烦。《渐》九三：“鸿渐于陆，夫征不复，妇孕不育，凶。利御寇。”也是说，大雁慢慢落在高地上，预兆丈夫出征就回不来，妻子怀孕生不下孩子。所以是凶。但如果不出征，在家里倒是利于抵御盗匪。还有一些卦爻辞，虽然没有直接说明相互掠夺，但也可以看出相互掠夺的情形和经验。《无妄》六三：“无妄之灾，或系之牛，行人之得，邑人之灾。”你看，真是飞来横祸，一头牛拴在外面，就成了行人的战利品，这不是邑人倒了霉吗？《困》六三：“困于石，据于蒺藜。入于其宫，不见其妻。凶。”说的是想去抢人家的老婆，但行动受困，顽石阻路，蒺藜当道。好不容易攻进人家宫中，却没见到人家的老婆。连女人都躲起来了，看来人家已有准备，预兆凶险。《艮》卦卦辞则好些：“艮其背，不获其身；行其庭，不见其人，无咎。”盯住他的背脊了，但没捉到他这人，走到他的宫庭里，也没看见他这人。但这不会有麻烦。因为这人是临时脱逃的，没什么埋伏。怎么样？从这里可以学到不少掠夺专业知识吧？倘若用而得法，推而广之，在当今不讲情谊、只讲金钱的社会中，应该是有些用处的。

富以其邻，不富以其邻（二）

叔姬说，看来古人那点日子也不安生，一天到晚你抢我夺，提心吊胆的。我说，本来嘛，如果安生，一天优哉游哉，社会还能进步到今天吗？大家永远“凿井而饮，耕田而食”得了。你抢我夺，还算小事，更大的是战争。《易经》中涉及最多的就是战争。全卦讲战争的，有《师》、《同人》、《谦》、《夬》、《革》、《中孚》、《既济》、《未济》等，部分卦爻辞涉及战争的就更多了。几乎可以说，战争是《易经》时代的头等大事。叔姬说，《易经》说没说为什么打仗？我说，跟侵掠一样，还是“富以其邻”，“不富以其邻”。不过说得没那么露骨，没那么难听，而是叫做“征”，叫做“伐”。这是上对下的用语。上面天然有理，下面天然无理。你不听话，不乖乖进贡，或是因为什么“莫须有”的罪名，上面就该征伐你。学着点儿，政府行为总是要说得漂亮，做得有讲究。不能像民间那样说得露骨，做得没章法。

政府跟民间不同，就是可以公开组建军队。这是作为阶级压迫工具的国家机构的柱石。首先一条，军队要有统帅，《师》卦辞说：“师：贞：丈人吉，无咎。”军事占筮，统帅吉利，就没麻烦了。这统帅要用什么人呢？上六说了：“大君有命，开国承家，小人勿用。”这是开国承家的千秋大业，所以不能用小民。只能用贵族子弟。贵族子弟中又用谁呢？六五告诉你：“长子帅师，弟子舆尸。”做统帅的必须是嫡长子，其余的帮着运运尸体就行了。统帅有了，就该出征了。初六说：“师出以律，否臧凶。”军队出发，必须合乎军乐乐律，也就是有纪律吧，否则，不管逆顺，必然凶险。九二进一步说：“在师中吉，无咎；王三锡命。”统帅要坐镇中军，这样才吉利，大王也再三赐予王命。打仗当然会死人，六三说：“师或舆尸，凶。”军队中可能运下尸体来，这当然凶险。所以，军队驻扎，要像六四说的：“师左次，无咎。”驻扎在左边，就没乱子了。为什么？老子说：“吉事尚左，凶事尚右。是以偏将军居左，上将军居右。”意思是说，好事以左为上，坏事以右为上。所以，打仗时偏将居左，上将居右。说明上将不把打仗看成好事，是不得已而为之。这是春秋时代道家的主张，也是得不到王侯们采纳的主张。但这适于从反面解释《易经》的内涵。《易经》时代，是个英雄主义时代，征战被看成天经地义的事，光明正大的事，杀人越多越好，所以，跟老子的主张恰好相反，上将偏偏要居左！而且把战争看成像打猎一样，这就是六五“田有禽，利执言，无咎；长子帅师，弟子舆尸，贞凶。”田猎能捕到野兽，预兆能抓到敌人，没麻烦。当然，战争也像田猎一样有危险，如果长子统率着军队，而弟子运着尸体出来，那就预兆着凶险了。你看，作为战争的机器，军队的职能、统帅人选、组织、行动原则、应变能力等等，确实跟民间乌合之众不一样。

“养兵千日，用兵一时。”养了军队，就是要用的。用来干什么？当然是打仗。但《易经》对战争的态度还是比较谨慎的，力求避免打败仗。所以，占筮语中“征凶”很多，而“征吉”很少。两者比例，大约是二比一。从《师》卦开始看。初六：“师出以律，否臧凶。”六三：“师或舆尸，凶。”六五：“田有禽，利执言，无咎；长子帅师，弟子舆尸，贞凶。”都是告诉你什么情况下这仗打不得。《晋》卦上九：“晋其角，维用伐邑，厉，吉。无咎；贞吝。”挺起角来，预兆要征伐城邑。战败则凶，战胜则吉。虽然没麻烦，但预兆不怎么好。这真是“未曾行兵，先找败路”，把一场攻城战的胜败两方面都想到了。比起咱前些日网上对法国佬吹的牛皮“犯我天威者，虽远必诛”，《易经》这位军事家老到多了。《大壮》

卦初九说："壮于趾，征凶；有孚。"伤了脚趾还要去征战，那真是蠢到极点，哪有不凶险的？这就是答案。咱常说的不是"重伤不哭，轻伤不下火线"吗？那是革命战争的原则，《易经》才不管这一套呢。《小畜》上九："既雨既处，尚德载。妇贞厉。月几望，君子征凶。"下雨停了以后，车还可以装载。妇女占得这一卦却很危险。因为在月亮快圆的时候，君子出征是凶险的。不过，以上这些凶兆还不算最可怕的。最可怕的是《复》上六："迷复，凶，有灾眚。用行师，终有大败；以其国君，凶，至于十年不克征。"归途迷失了，当然凶，有灾难。这种情况下出师行军，最终必定大败。对于国君，更加凶险，以至于十年之内都不能进行征战了。而这一切只是由于迷失了归途而已。你看，《易经》中的军事家，对于战争是何等谨慎。叔姬说，那么，有没有对于战争有利的预兆呢？我说，当然有。《泰》初九说："拔茅茹，以其汇，征吉。"拔茅草喂马，连根都拔起来了。尽管艰苦，但对于征战还是吉利的。《升》卦则是把祭祀和征战紧紧地联系在一起："元亨，用见大人，勿恤，南征吉。"看来一占筮就十分顺利，利于晋见大人物，不必担心，预兆南征是吉利的。在预兆吉利的卦爻辞中，这一条可说是最顺利的了。其他的却都是困难重重。《困》上六："困于葛藟，于臲卼（niè wù）；曰动悔有悔，征吉。"被困在葛藟和臲卼中，行动当然不便，但只要坚持下去，出征还是吉利的。还有一卦恐怕是你无论如何想不到的。你说，嫁姑娘能跟打仗联系得上吗？叔姬说，怎么联系不上？前面不才讲了抢婚吗？抢婚不打仗行吗？我说，那属于"打架"的逻辑范畴，不属于"打仗"的逻辑范畴。叔姬说，此话怎讲？我说，"打架"属于民间行为，就像你们大中小学生现在打架，说是打仗，其实只能称为"打架"，没谁组织，自愿参加，打时没补贴，打完没医疗费。"打仗"则是政府行为，当兵的都是非自愿参加，但打时有补贴，打完有医疗费。

所以，抢婚跟打仗不是一回事儿。但《易经》中，嫁姑娘倒确实跟打仗联系起来了。《归妹》初九说："归妹以娣，跛能履，征吉。"嫁姑娘，连她妹妹也陪嫁过去。不知是这姑娘呢，还是她妹妹，反正有一个腿脚不方便，但没关系，能穿鞋，能走。这就象征着打仗可能有点儿小麻烦，但最终结果一定是吉利的。为什么？因为这位"归"的妹妹，不是一般MM，而是帝王之女。帝王嫁女干什么？一是联合姑爷，一起打别人。二是打不过，把闺女嫁给人家求和。过去这叫"子女玉帛"，今天叫"文化融合"。《归妹》这一卦说的是前一种，老丈人和姑爷齐上阵，那样，出征当然是吉利了。所以，《离》卦上九说："王用出征，用嘉折首，获匪其丑，无咎。"大王这一出征，有嘉氏这一部族就倒了霉了，多少人被砍了脑袋，酋长还被人家俘虏了。被俘虏了不说，还被加上个难听的尊号，叫做"丑"！不过，这是我们现在听着难听，古代也就是"敌人的大头目"这类意思。这个尊号被咱中国人一直沿用下来了。咱现在逮到对方头目，不也是说"抓住匪首某某某"吗？这是一笔宝贵文化遗产哪！

叔姬说，刚才你说这些，都是"打不打"的问题，可你不是说了，《易经》还涉及战略战术的吗？我说，是呀，别忙，这就说到了。比如《谦》卦，则讲究战争中的偷袭。这一卦在《帛书周易》和汉石经中，"谦"字都是"嗛"。王弼以后才被篡改为"谦"，而且，一直解释为后世才有的道德观念"谦虚"。其实，只要看看这一卦的初六、六五和上六的爻辞，都是在直接地讲战争，九三、六四也在间接地讲战争，就可以知道这一卦跟所谓"谦虚"是风马牛不相及的。"嗛"是什么？"嗛"的本意是口中含着东西，相当于军事用语的"衔枚"。"君子"也不是儒家后来说的什么"仁德谦虚君子"，而是《易经》时代的军事将领。《易经》中提到的"君子"，大多数都与征战有关。这一卦是说："嗛。亨。君子有终。"口中衔枚不出声，预兆这运气亨通，君子征战的事有结果。现在咱在大街上看人下棋，不也叫“观棋不语真君子”吗？初六说：“嗛嗛，君子用涉大川。吉。”一再强调衔枚不出声，用现在的话说，就是三缄其口，敌人不知，还在睡大觉，咱的将军就可以顺利涉过大河了。因此吉利。这事咱在前面已经讲过了。六二“鸣嗛，贞吉。”命令衔枚不出声，这就预兆吉利。六三说：“劳谦。君子有终，吉。”就是要努力衔枚不出声，将军征战就必有结果，当然吉利。六四强调“无不利，撝谦。”帛书“撝谦”是“譌嗛”，就算胡说八道，错传口令，叫大家衔枚闭口，那也是无所不利。六四直截了当说：“不富以其邻，利用侵伐，无不利。”咱富不起来，就因为邻国抢了咱，咱有理，就利于咱去侵伐他，而且心想事成，抢牲口得牲口，抢钱财得钱财，抢女人得女人，无事不利。闭嘴不作声，在战争中既然如此重要，所以，上六总结道：“鸣嗛，利用行师，征邑国。”命令衔枚无声，就有利于行军打仗，征伐邑国。

战国铜洗攻战图（参见容庚等《殷周青铜器通论》）

《革》卦也是如此，本来是讲祭祀和战争的，但儒生们老是忘不掉“汤武革命”啦、“天命攸归”啦之类伪造的历史梦呓（顾颉刚先生就因为揭穿了这些梦话，所以被儒生们恨得牙痒痒），就把简简单单的“皮革”说成“革命”。咱现在一天到晚喊“改革”，于是，按照咱“代圣人立言”的学术传统，这“皮革”又成了“改革”了。其实，哪有什么“革命”、“改革”，卦辞说：“已日乃孚，元亨，利贞，悔亡。”“已”字应该是“巳”字，《帛书周易》就是“巳”。祭祀那天就有回复，说是六六大顺，预兆吉利，绝不会吃后悔药。接着初九告诉你：“巩用黄牛之革”，祭祀用品（大概是人牲吧）要用黄牛皮革绳子捆起来。捆起来干什么？六二说了：“已日乃革之，征吉，无咎。”祭祀那天用皮革绳捆着来，祭祀以后，出征就吉利了，没灾祸。可是战争并不会总是一帆风顺，九三说了：“征凶，贞厉；革言三就，有孚。”出征有凶险，预兆很可怕。怎么办呢，闻一多先生说得好，那就穿上三层皮革护胸吧，这就能转危为安。不过，仅仅穿上三层皮革护胸大概还不够，所以，九五说：“大人虎变，未占有孚。”这个“变”字，因为咱现在讲什么“改革开放”，所以，易经大师们就把“变”解释为“变革”啦，“改革”啦，等等。好像《易经》里的“大人”就是咱中央政治局常委似的！其实，那个“变”字，是“弁”的通假字。“弁”是什么？是帽子，也可以说是将军们头戴的“胄”，或者叫“头盔”。大人的头盔上有虎纹装饰，不用占筮，就有好消息。上六说：“君子豹变，小人革面；征凶，居贞吉。”君子，也就是连排级首长吧，头盔有豹纹装饰。至于一般的“士”，即“小人”，那就只有用皮革护面就行了。别看不起这“革面”！堂吉诃德决心当游侠骑士时，连“革面”都有不起呢，拿几根炉条，衬张硬纸壳，就当作“护面”了。不过，出征还是有凶险，不如安居不动的预兆吉利。

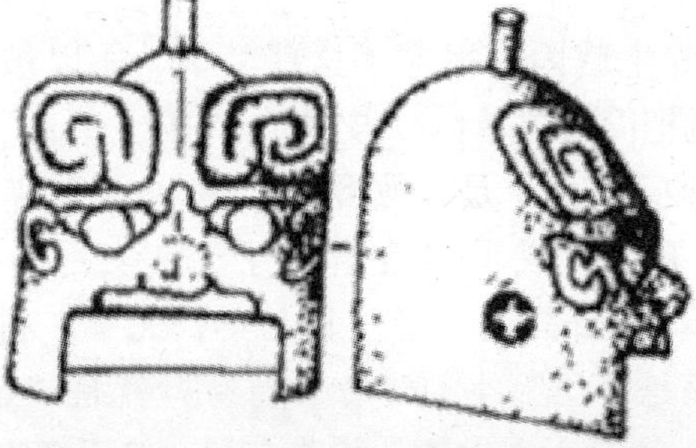

商代的“胄”（大人虎变）河南安阳出土
（转自罗西章、罗芳贤《古文物称谓图典》）

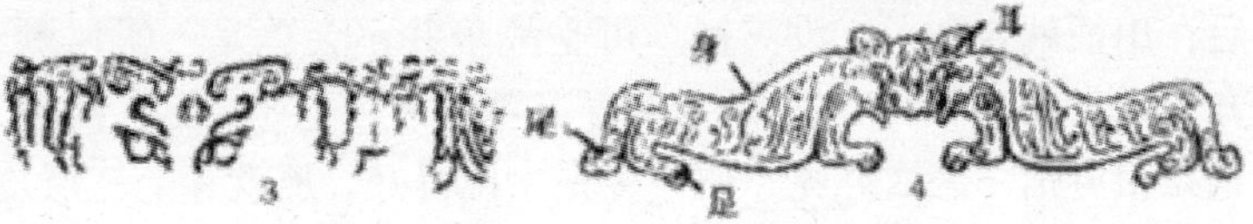

殷墟妇好墓石瓿（bù）虎纹装饰
（转自罗西章、罗芳贤《古文物称谓图典》）

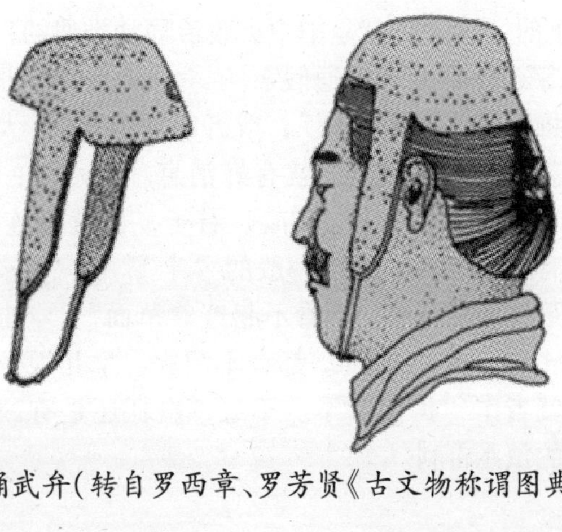

秦俑武弁(转自罗西章、罗芳贤《古文物称谓图典》)

叔姬听了说，打点仗有什么了不起，处处祭祀，步步占筮，连点儿头盔帽子也有那么多说道，烦不烦？我说，是啦！古时这些大男人就是穷讲究，屁啰嗦，哪比得上你们女孩子打架，伸手往脸上一抓，胜负立决，何等干净利索！我话音未落地，叔姬的手已作鹰爪科举起，我赶忙喊道，啊呀，我不是说你，请把贵爪收回，我脸上没有“革面”防护罩哪！

叔姬说，看我不抓你个满脸花！告诉你，本姑娘是鹰爪拳全省冠军，要不要练两下给你开开眼界？我说，别价！说到练嘛，《易经》里也有，那就是《同人》卦。卦辞说：“同人于野，亨，利涉大川，利君子贞。”把全族的人召集到郊野。古时候城外为郊，郊外为野，野外为牧。把人召集到郊野干什么？田猎。田猎既是打猎，又是军事训练。经常这样训练，当然六六大顺，有利于将来涉水渡河，所以，预兆对统兵的君子有利。平日训练有素，要打仗，召集起来就方便了。所以，九四说“同人于门，无咎。”把人召集到王宫门前，没什么乱子。但六二“同人于宗”，把人召集到宗庙，不知什么原因，就“吝”了，也就是有点儿小麻烦。人召集齐以后，九三就告诉你：“伏戎于莽，升其高陵。三岁不兴。”先是把部队埋伏在丛莽之中，然后又登上高高的山陵。这种训练有多年不进行了。接下来，就是九四：“乘其墉，弗克，攻。吉。”登上敌人的城垣，一下没能战胜敌人，但再接再厉进攻，肯定吉利，能大获全胜。不过，人说“世事如棋局”，这应该是从战争中总结的经验教训。《同人》九五就说了：“同人，先号咷，而后笑，大师克相遇。”这一仗就很富戏剧性，人也召集起来了，但吃了败仗，所以，弄得号啕大哭。不过，天无绝人之路，后来又大笑了。为什么？找到主力军，得以和主力军会合了。既然在郊野的训练和战斗虽然有些曲折坎坷，但终究还是好收场，那么，上九“同人于郊，无悔。”当然也是好兆头，决不会吃后悔药了。

成都百花滩出土水陆攻战纹壶第三层(局部)(《中国兵器图集》)

叔姬说，还蛮热闹的嘛，虽然不像《荷马史诗》那样宏伟细腻，不过，麻雀虽小，倒也肝胆俱全。战争中的各种情况都提到了。我说，是呀。不仅战争中的情形，连战后的感受都有呢。最有意思的是《中孚》六三：“得敌，或鼓或罢，或泣或歌。”过去的经学大师们可能没打过仗，因此拿着“鼓”和“罢”两个字头疼，不知所措。其实，你即使没打过仗，小时候也打过群架吧。叔姬说，你才打过群架呢。看你那样子，小时候就是个天字第一号叫老师头疼的调皮捣蛋学生。我说，过奖，过奖！我从没达到天字第一号的地位，不过随帮唱影，跟着凑过几回热闹。话说，打完群架后——啊哟，说错了——是打完了仗，克敌制胜以后，大家伙会有什么反应？咱现在那些作家、导演、大腕们几乎毫无二致的都描写或者表演为欢呼雀跃。这也证明他们跟历代《易经》大师一样，都是银样蜡枪头，没上过阵的。其实，打完仗后，情绪是很复杂的，而且自身控制不住，有的会觉得精神鼓舞，有的会觉得疲惫不堪，哪怕是打了胜仗，也会情不自禁的嚎啕大哭，或是情不自禁的高歌大笑。《中孚》这条爻辞就是写的这种情绪，异常逼真，也异常内行。德国革命诗人海涅有一首《颂歌》，也是抒发这种情绪。且听老师我吟诵给你听听，开开耳界：

我是剑，我是火焰。

黑暗里我照耀着你們，
战斗开始时，
我奋勇当先
走在队伍的最前列。
我周围倒着
我的战友的尸体，
可是我們得到了胜利。
我們得到了胜利，
可是周围倒着
我的战友的尸体。
在欢呼胜利的凯歌里
响着追悼会严肃的歌声。
但我們没有时间欢乐，
也没有时间哀悼。
喇叭重新吹起，
又开始新的战斗。

我是剑，我是火焰。

没等我摇头晃脑吟诵完，叔姬便问，问你个私人问题。你打完架是哭呢还是笑？我犹疑了一下说，哭。叔姬说，打赢了也哭？我说，是，打赢了也哭。叔姬说，为什么？我说，不知道。反正就是忍不住会哭，不过不出声。你呢？叔姬说，恰好跟你相反，是笑。我说，打输了也笑？叔姬说，是。打输了也笑。我说，为什么？叔姬说，跟你一样，不为什么，就是忍不住会笑。这才是真正打过架的感受吧！再问个题外话，你说，先秦诸子，除了兵家，都打过架或者打过仗吗？我说，老子打过。叔姬说，何以见得？我说，老子说过："杀人众多，以悲哀泣之；战胜，以哀礼处之。"杀人众多时，还要悲哀地哭泣死者；战胜以后，要用哀礼处置死者。这不仅是什么政治军事主张，也是打过架或者打过仗的人的亲身感受，对战死的敌手表示尊敬嘛！跟咱忍不住的哭笑一样。叔姬说，那么你们祖师爷孔老夫子打过吗？我说，好像没有。祖师爷干什么都要按规矩作秀。你看他

> 于乡党，恂恂（xún）如也，似不能言者。/其在宗庙朝庭，便便言，唯谨尔。/朝，与下大夫言，侃侃如也；与上大夫言，訚訚（yín）如也。君在，踧踖（dí jí）如也，与与如也。/君召使摈，色勃如也，足躩（jué）如也。揖所与立，左右手，衣前后，襜（hān）如也。趋进，翼如也。宾退，必复命曰：'宾不顾矣。'/入公门，鞠躬如也，如不容。立不中门，行不履阈。过位，色勃如也，足躩如也，其言似不足者。摄齐升堂，鞠躬如也，屏气似不息者。出，降一等，逞颜色，怡怡如也。没阶，趋进，翼如也。复其位，踧踖如也。/执圭，鞠躬如也，如不胜。上如揖，下如授。勃如战色，足蹜蹜（sù）如有循。享礼，有容色。私觌，愉愉如也。

没等我念完，叔姬便说，你们祖师爷活得不累吗？时时刻刻作秀，按规矩、按要求变姿势，变脸色，比变色龙还灵敏！我说，叫你说话别那么难听！处处作秀，也有好处。你想，打架也作秀，怎么打得起来！所以，"子畏于匡"，以及被桓魋

（tuí）包围了，都只是说“天生德于予”，壮壮胆，就完事了。叔姬说，可是，北大醉侠孔庆东说，孔老夫子武功了得，是个大侠呢！我说，那是因为他们是家门儿。再说，武功了得不一定是大侠。“路见不平一声吼，该出手时就出手”，那才是大侠。孟老夫子倒有点大侠气概，不过不知他打没打过架。叔姬说，庄子呢？我说，庄子齐死生，一物我，打架不打架，在他看来，大概都差不多，也打不起来吧。真正能打仗的，倒是最反对战争的，那就是墨子。墨子专门有文章叫《非攻》，就是反对互相劫掠的战争。但对于自卫的战争，墨子在先秦时期却是最内行的。叔姬说，其他人呢？我说，其他的好像都是叫人家去替自己打架，自己则等着摘果子。叔姬说，我知道了，《易经》主张，要想富，抢邻居。打得赢就是吉，打不赢就是凶。吉就打，凶就不打。老庄呢，兵是凶，能不打就不打，打了也无聊。墨家呢，反对打，但不怕打。兵家法家，就是要打。唯独你们儒家，等人家打完了，帮着打赢的管天下。是不是？

娶媳妇干嘛要背

这天上课，叔姬说，一天打打杀杀的，听着气闷，讲点好玩的行不行？我说，什么好玩？叔姬说，恋爱啦，婚姻啦……我说，我就知道，你们女娃娃，离开恋爱就活不了。叔姬说，你没恋爱过吗？我说，钱大师拣了句法国佬的口水话教育咱中国人，说“城外的想进去，城里的想出来”，这就是恋爱和婚姻，叫咱崇拜得五体投地，你不知道吗？叔姬说，你别管钱大师，你就说，《易经》那时候有谈恋爱的吗？我说，谈恋爱的没听说，结婚的倒不少。叔姬说，不恋爱怎么结婚呢？我说，恋爱是你们这种今不今古不古的——我原想说“傻女人”，临时改了口——小才女才讲的梦话，今人古人都不讲。叔姬说，讲什么呢？我说，古人讲婚，今人讲性。叔姬说，少废话了，我只想听听《易经》里怎么说。我说，《易经》里的婚姻只有两种：一是“抢”，二是“归”。“归”的前面说过了，只是“归”还有些讲究。一是看身体，二要看持家，第三嘛，也是最重要的，要看能不能生育。《姤》卦说：“女壮，勿用取女。”叔姬说，壮的不娶，莫非娶个病秧子？我说，这里的“壮”，是借为“戕”，说这女子受了伤，因而不能娶。跟这相反，《蒙》九二说到另一个女子则主张娶，因为“包蒙，吉。纳妇，吉；子克家。”这个女子能持家，他儿子能有个家了。不过，如果占筮之象预兆着女子不能生育，像《蒙》六三说的：“勿用取女。见金夫，不有躬，无攸利。”那也不能娶，因为占筮之象见了“铜人”，预兆这女子不能怀孕，就不能娶了。中国人不知是哪根筋扭着了，人口世界第一，可挑媳妇还是要看能不能生。大概是迷信“人多力量大”吧。打老外，人多肯定能胜。杀家鞑子，也是人多肯定能胜！那就不管了，生就生吧。咱去找找好看的。《大过》里有两桩婚事好看。一桩是九二："枯杨生稊，老夫得其女妻，无不利。"干巴老杨树居然发了芽，老头子得了个女娇娃。这预兆无事不利。这个女子是不是咱常说的长了一副旺夫相吧。另一桩是九五："枯杨生华，老妇得其士夫，无咎无誉。"干巴老杨树居然开了花，老婆子得了小白脸，不好也不差！跟这两句相仿佛的话，想得起什么来吗？叔姬说，莎士比亚《雅典的泰门》里说的："金子，你这黄黄的奴才……你能使浑身长满癞疮、行将就木的老头子重做新郎；你能使鸡皮黄脸的寡妇恢复三春的娇艳"。是不是？我说，是。只不过老莎没有咱聪明，咱是做了不说，诗法叫含蓄，叫言有尽而意无穷；老莎是说破了做，太没诗意了！光凭这一点儿，二十一世纪就该是咱中国人的！叔姬说，"归"说得差不多了，说说"抢"吧。我说，你希望被抢吧？叔姬说，我希望你今天在公安局门口被人抢！我说，我一个干巴老头子，又囊中羞涩，哪有女孩子来抢？叔姬说，美得你！我是希望你被强盗抢！我说，不管什么人抢，人家只抢女的。从《易经》时代就如此。《屯》六二："屯如邅（zhān）如，乘马班如。匪寇，婚媾，女子贞不字，十年乃字。"六四："乘马班如，求婚媾，往吉，无不利。"上六："乘马班如，泣血涟如。"《贲》卦六四也说："贲如，皤如，白马翰如；匪寇，婚媾。"都是说的"抢婚"。要"抢"，人少了当然不行，所以来的人"屯如邅如"，成帮成伙的，骑着马，转来转去，乱成一团。要是呆霸王薛蟠，可能还有讲究，马都是清一色白龙马。要不怎么能显出咱大款的威风呢。可那被抢的女子竟不知好歹，眼睛里血都哭出来了。哪像咱现在的女孩子聪明，不用抢，主动去钓金龟婿，去找钻石王老五！叔姬说，别东拉西扯，蒙混过关，说《易经》的，具体点儿。我说，我以为能混过去呢。具体怎么抢，我也没抢过。鲁本斯画过古代洋鬼子抢女人，抢了两个一身肥肉的女人正拖上马去。传说罗马人也曾劫掠邻邦萨宾的妇女做老婆。我想，咱的老规矩跟这大概也差不多。大概是跟来的哥儿们抵挡小女子的娘家人，新郎官抢了小女子，驮上马就跑，马没了就背着跑。所以，如今咱搞旅游，那些个小妞们让你背着走一圈，其实就是让你过过抢媳妇的大烟瘾，而且与时俱进，不用你准备高头大马，也不用你动手，她自己会爬到你背上来，你只要准备大钞就行了。

抢夺莱斯波斯岛的女子
（这里是古希腊女诗人萨福的故乡）
鲁本斯

罗马人劫掠邻邦萨宾妇女做妻子
乔凡尼·达·波洛尼亚

叔姬说，尽是男的抢女的，有没有女的抢男的？我说，你该受天下女子一拜！可惜《易经》写晚了，要是写在女娲时代，肯定有女的抢男的。不过，《易经》时代女的还有一种权利，就是《观》卦六二说的“闚（kuī）观，利女贞。”女的可以去偷看一下男的。这种偷看，可不是咱电视剧里写的那种小姐站在屏风后面偷看老爹跟表哥谈话，而是“观其裸”，看他赤条条的身子够不够格参加健美先生选拔赛。这种风习到春秋时期还有。《左传·僖公二十三年》记载曹共公观晋重耳的故事：“曹共公闻其骈胁（pián xié），欲观其裸。浴，薄而观之。”曹共公听说晋重耳的肋骨是连在一起的，就想看看他的裸体。因此，趁晋重耳洗澡时，逼近了去偷看。后来，曹国的僖负羁之妻为这事还劝告她丈夫趁早跟晋重耳搞好关系，以免将来跟着曹共公一起倒霉。春秋时代，妇女都可以讨论这种观其裸的事，再上溯一千多年，妇女闚观男子，就不足为奇了。正因为如此，这条爻辞才说“利女贞”嘛。叔姬说，这倒有趣，妇女可以少吃许多亏。这样组成的家庭，应该麻烦少些。对了，就往下说《易经》的家庭吧。

萨宾妇女（罗马人抢萨宾妇女做妻子。萨宾人要抢回来。双方战斗。萨宾妇女出面阻止战争，因为一方是她们的萨宾父兄，而另一方则是她们的孩子的罗马父亲。）

雅克-路易·达维德

我说，《易经》有一卦专门说家庭，那就是《家人》卦。这卦开宗明义就说“利女贞”，利于女子问占，看来伏羲老爷子是站在女子一边。初九说：“闲有家，悔亡。”不论男女，有了家，熟悉家务，总是好事，就没什么遗憾了。即使是把婚姻说成令人进退两难的钱大师自己不也少不了婚姻和家庭吗？六二说得有意思：“无攸遂，在中馈，贞吉。”没什么地方好去，那就主持中馈，料理家务下厨房吧。这可是吉利呀。看来这条爻辞大概是专为妇女写的。古今中外的圣贤们在这点上似乎是英雄所见略同。老托尔斯泰说，妇女的位置不是在电报局，也不是在讲坛上，而是在家中。所以，野马似的小精灵娜塔莎最后成了贤妻良母，居然安之若素。泰戈尔也在诗中咏叹道："女性啊，当你在厨房走动时，便奏出了美妙的音乐。"这启发了咱的现代作家，于是有了《锅碗瓢盆交响曲》。看来你将来也逃不脱这命运哪！叔姬说，呸！阿里斯托芬早就指出，妇女掌权，世界才会和平。你们男人有钱就拿去买刀买枪买军火杀人，妇女有钱就一心想着孩子和丈夫的身体。连歌德都说："永恒的女性，引我们上升！"现在咱这社会安定团结，一片祥和，不也靠的妻管严吗？我说，是，是！有道是"男人有钱就变坏"，是得靠老婆管严点儿。所以，九三说："家人嗃嗃（xiào），悔厉，吉。妇子嘻嘻，终吝。"家里人嗷嗷叫唤，那是有点儿危险，不过这倒是好事，生于忧患嘛。相反，老婆孩子一天笑嘻嘻的，放着男的乱来，最终就要倒霉啰！叔姬说，你这样解释，我爱听。我说，不过，这些都有个条件，那就是六四："富家，大吉。"家里有钱才大吉！否则一切都是空话！嗨，怎么伏羲老爷子现代意识这么强哪！又好色，满世界去认领现代科学的灰灰孙，又深知钱的重要。看来告子的"食色，性也"，应该改成"钱色，性也"才符合咱中国人的传统优秀品质！再往下看，管家就得有点火色，就像上九说的："有孚：威如，终吉。"老天爷回答了：管家就要威风凛凛的，这才能最终吉祥哪！《易经》就写了个大男子，甚至还是公侯呢，管家就管不好。《鼎》卦九四说："鼎折足，覆公餗（sù），其形渥，凶。"鼎就是古代王公贵族装食物的容器，因为人口多，所以食物都要用鼎来装，所谓"钟鸣鼎食之家"嘛！可是，这位王公真管家管不好，奴隶们把鼎脚摔折了，把王公的美食倒得一地都是，食物形状看着都恶心！

毛公鼎（西周）

毛公鼎铭文

叔姬说，你看看，男的管家就是不行。连你们祖师爷孔老夫子都说要恩威并用嘛，可你们男人就永远做不到这一点，要就是专制暴虐，要就是窝窝囊囊，把个世界搞得乱七八糟，而且越来越糟。不对吗？我说，莫非你们女强人就靠着大发雌威引我们上升吗？叔姬说，雌你个头！伏羲老爷子说得对！我们妇女威风是行得稳，站得正，一身正气，再加心肠软，菩萨心，当然能引导人类上升。我说，我听你这话怎么有点儿耳熟，有点儿像当年那位敬爱的首长讲话哪？叔姬说，哪个首长？我说，想不起来了。叔姬说，喝点儿水再想想。我说，啊呀，说到水，不能不说说《井》卦呀！叔姬这下被我打岔岔过去了，也跟着问，《井》卦说什么？我说，有了人，有了家，哪能没井？何况咱们人类实在脆弱，跑比不上狗马，跳比不上猫，挖洞比不上耗子，拉犁比不上牛爷，就连拱土也比不上猪兄，所以，只好像低级动物蚂蚁啦、蝗虫啦之类的，以多取胜，还美其名为“集体主义”。大家挤在一块儿堆，就成了

“邑”。可这挤在一起，吃喝怎么办？尤其是喝。阿扁要赖，八顿不吃饭。其实他知道，八天不吃饭也饿不死人。你让他八顿不喝水试试！你看今天中东地区打来打去，不就是打个水和油吗？所以，这《井》卦实在是《家人》卦后的第一重要的卦，表示由“家庭”往外再走一步就离不开“井”！《井》卦卦辞开宗明义就说明“井”在“邑”中的重要性：“改邑不改井，无丧无得。往来井井，汔至亦未繘井，羸其瓶，凶。”你改造一个城市，却不改造供水，那等于没输也没赢，白干了。你看现在媒体媒婆们的报道，不就是今天这个城市没水啦，明天那个城市没水啦。咱昆明的水井早被填没了，还哪来的水？好了，回到《井》卦边儿来吧，人们来来往往的打水，到了井边儿，但井里淤积了淤泥，还没等放绳子呢，就把打水瓶了碰破了。得，至少今天就没水喝！这就是凶！

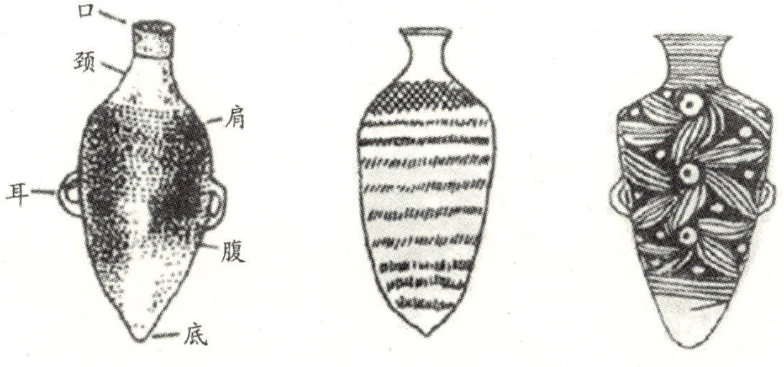

尖底瓶（西安半坡出土）　尖底瓶（秦安大地湾出土）　尖底瓶（马家窑出土）

（转自罗西章、罗芳贤《古文物称谓图典》）

再看初六：“井泥不食，旧井无禽。”井里全是泥浆，还吃什么呀？所以，两千年后李白写到纤夫的痛苦还在说：“水浊不可饮，壶浆半成土！”不单人没喝的，连野兽都不来了。

这种地方还能住人吗？九二则反过来,：“井谷射鲋，瓮敝漏。”井坑里可以抓到鲋鱼，大概是水太少了吧。所以，打水把水瓮都碰破漏了。不过，《帛书周易》里，这句“瓮敝漏”是“唯敝句”。什么是“敝句”呢？原来是“敝笱”，也就是“破渔网”，意思就是说，水浅得只要用破渔网就能抓住鱼了。是该高兴呢，还是不该高兴？

瓮

商代瓮（二里头出土）
（转自罗西章、罗芳贤《古文物称谓图典》）

九三说：“井渫不食，为我心恻；可用汲，王明，并受其福。”井水淤泥，不能吃了，为此我心里过意不去。但还可以用汲壶汲取，因为大王英明，大家都沾了他的福泽啊。叔姬打断我说，这条爻辞有点儿怪怪的。水都不能吃了，还说沾了人家大王的福泽。我说，听着似乎有点儿现代化了吧。你没赶上头些年那个好时期。那时候全国都学习一个地方。那地方出了个名人，把老百姓的一切都严格计划管起来了。平时只准吃高粱和棒子面。想吃细粮，那得等到重大节日，比如什么的生日啦、国庆节啦、元旦啦、春节啦，才可以。而且，一年到头只能得七市斤面粉，也就是三点五千克。烧的煤全部集中在生产队集体院里，你要烧点儿取暖，还得去申请。经过革命委员会研究批准了，你撮煤时，还得说一声“斗私批修”，也就是要斗倒自己的私心杂念，批判修正主义的思想观念。你还得感谢人家“安排好了群众生活”，感谢人家对咱的关怀！恩格斯说，你解剖一下现代的猿猴，大概也可以得到古代猿人的仿佛。所以，你只要能理解一年给你三点五千克面粉的“关怀”，你也就能理解水都淤泥不能吃了，还要说是沾了大王的“福泽”。好比电视剧中常见的，皇帝要砍你的头，你一路走出午门，一路还得高喊“谢主隆恩”！要不怎么说咱中国人民是世界上最好的人民呢？这也是咱中国文化的优良传统啊，从《易经》时代的姥姥年份就有了，要好好继承哪！因为你感谢了大王的福泽，真的好事就来了。六四说：“井甃，无咎。”这下井壁用砖砌起来了。看看，这不是大王的福泽吗？所以，不管遇到多大的灾难和冤枉，你感恩就是了。据说希伯来人在旷野里没吃的也是用这一招，一个劲的向上帝感恩，上帝就从天上给他们降下了玛那（玛那是什么，别问，我也没吃过）。好了，井壁砌好了，井水清冽，好比寒泉，难怪近视眼欧阳修老先生都忘不了“泉冽而酒香”哪，那就吃吧。以后，这口井就得好好保护起来，把井口收好，别让它坍塌了。老天爷就会告诉你，这是大吉大利！

乙侯汲壶（西周晚期）

叔姬听完说，嘻嘻，蛮好玩的嘛！只可惜现在一口井也没了，到处都只是人，人挤人！我说，是呀。毛老人家在世时，要咱“深挖洞，广积粮”，打水井，“备战备荒为人民”。现在，凡有水井处，不是“皆歌柳词”，而是皆有开发商了，填的填，埋的埋，全成了水泥地。好像这世界就永远太平，恐怖分子也永远不会来袭击，永远不用担心没水喝了！不过，你说人挤人，也不太恰当，要说“人比人”。叔姬说，什么？人比人，那不得气死人吗？我说，那是犯了红眼病。咱说的“比”，是《易经》里一卦，叫《比》卦。“比”是什么？是古代行政组织单位，五家为“比”。又由这种行政组织单位引申为“户口检查”、“普查”、“检阅”等意思。所以，卦辞说：“吉。原筮，元永贞，无咎。不宁方来，后夫凶。”意思是说，《比》卦是吉利的。原来的占筮预兆长期没有麻烦。在会盟的时候，不安宁的也就是不服从的邦国也要来参加，后到的危险。什么危险呢？就是要被杀头。《国语·鲁语》记载：“仲尼曰：‘丘闻之，昔禹致群神于会稽之上，防风氏后至，禹杀而戮之。’”孔老夫子说，他听过这样的事：从前大禹召集各部落酋长在会稽开会，防风氏来晚了，就被大禹杀了。初六说的“有孚比之，无咎；有孚盈缶，终来有它，吉。”这跟卦辞说的相比，就简单一些，只是说，占筮答复了，要例行检查，这样才没麻烦。占筮还说，要把缶装满。那样将来就是发生什么意外，结果也会是吉利的。

叔姬又打断我说，这缶到底是什么东西哪？2008 奥运会上老谋子弄了你们孔老夫子的三千弟子在那儿击缶而歌，怪热闹的，就是看不清楚。我说，那是老谋子忽悠了咱老百姓和世界各国老外一把。叔姬说，此话怎讲？我说，缶是古代汲水盛水的一种用具，也可盛酒。有青铜的，还有陶制的。商周时期，乃至春秋时期，青铜的较多。又分为浴缶和酒缶。让你看几个浴缶：

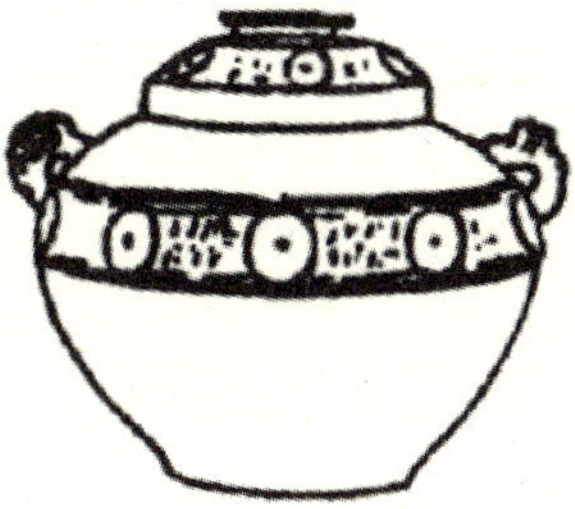

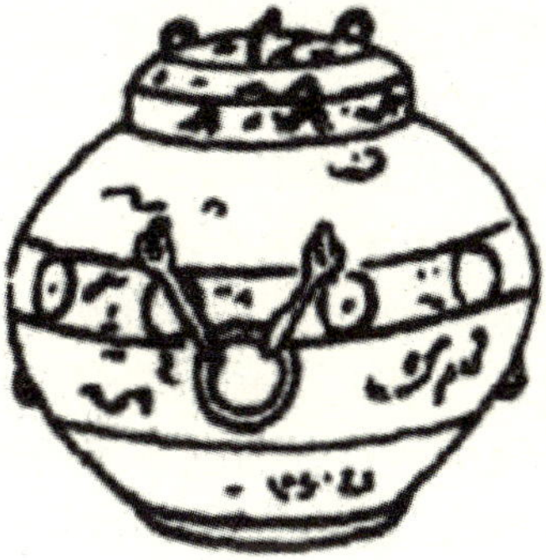

龙纹盥缶（春秋晚期）　　　　孟滕姬浴缶（春秋晚期）

（河南淅川下寺出土）

（转自罗西章、罗芳贤《古文物称谓图典》）

秦以后，缶就都是瓦器了。在先秦的器皿中，唯有缶是带盖儿的。可是你看看老谋子那些个“缶”，就像日本人发明的自动麻将桌，画了格子还发光，这不是忽悠老百姓和老外吗？“击缶而歌”这种事有没有呢？有。《离》卦九三就有“日昃之离，不鼓缶而歌，则大耋之嗟，凶。”意思是说，太阳偏西了，朦朦胧胧的，这时若不鼓缶而歌，七八十岁的老爷子们就要嗟叹了。但这鼓缶而歌，并不是齐鲁习俗，而是秦地习俗。秦地粗俗，没什么音乐修养，也没什么好乐器，所以，李斯才挖苦秦王说：“夫击瓮叩缶，弹筝搏髀，歌呼呜呜而快耳者，真秦声也！”老谋子这回把这粗俗不堪的秦声强加给“好韶乐”的孔门弟子去唱，岂不是胡来？这还只是就音乐而言。再听听老谋子让孔门弟子唱的什么词儿：“四海之内皆兄弟”！这简直是对孔圣人大不敬的大辟之罪！“四海之内皆兄弟”是什么人说的？是墨子说的！墨家讲“兼爱”，大体近似于“四海之内皆兄弟”吧。儒家讲“仁者，人也，亲亲为大”。是亲亲为大哪！不是四海之内皆兄弟！如果四海之内皆兄弟，那么，你老爹是谁？你的国君又是谁？所以，孟老夫子骂墨家

“兼爱”是无父无君，是禽兽！老谋子这回把儒家视为“禽兽”的观念拿给孔老夫子的弟子唱，那不是跟学术超女强暴庄子一样强暴孔老夫子吗！忽悠老外，其罪可恕。可是强暴圣人，让圣人子弟歌颂“禽兽”行，那是不是该大辟之罪？是可忍孰不可忍？可是咱现在的儒生，一天到晚在那里“尊孔读经”，大圣人被老谋子搞同性恋给强暴了，还鼓掌喝彩呢！你说是可叹呢还是可耻呢？叔姬说，你叹你的，我可是打哈哈看热闹！我说，老师的祖师爷被老谋子搞同性恋强暴了，你居然打哈哈看热闹！恩断义绝，为师不教你了，逐出门墙！叔姬赶忙说，老爷子别生气，我说话大喘气，一句话要几口气才说得全。我不是说看大圣人的热闹，而是说看咱现在这些个国学热的热闹，连这种大不敬的笑话都闹出来了。我也义愤填膺呢！您接着往下讲，弟子洗耳恭听了！说走了嘴，为了赔罪，今天课时费翻番！我说，这还差不多。好，话说《比》卦六二说：“比之自内，贞吉。”上级要来检查了，告诉你先自我检查，有什么漏洞事先弥补上，这不就预兆吉利吗？这也是咱的优良传统吧。检查内容，包括各种人口的性质，所以，六三：“比之匪人。”要把二流子、小痞子查出来。六四说：“外比之，贞吉。”你先进行了自我检查，把坏人也查出来了，外边的来检查，当然就没问题，保证吉利。而九五所说的“比”，可就不一般了：“显比；王用三驱，失前禽，邑人不诫，吉。”显比就是大检阅，在这种检阅仪式上，大王还要进行田猎，即使田猎中禽兽逃跑了，也不责怪邑人。所以吉利。听到这儿，叔姬说，辛稼轩的《破阵子》说：“醉里挑灯看剑，梦回吹角连营。八百里分麾下炙，五十弦翻塞外声，沙场秋点兵。马作的卢飞快，弓似霹雳弦惊。了却君王天下事，赢得生前身后名，可怜白发生！”写的就是这种“显比”的气势吧？我说，就是这种英雄气概！只是没有稼轩那种悲哀而已！正因为“比”是行政组织单位，又表示“会盟检阅”，所以，上六才说："比之无首，凶。"五家之"比"没有居民小组长管着，或是会盟检阅没有领头的，那不乱套了吗？那当然就是凶险了。因此，《乾》卦"见群龙无首"，预兆您可以当头，对您是大吉大利。但《比》卦无首，居民委员会乱了套，那岂不是凶？

床怎么剥

一大早，叔姬见我就问，易经时代是不是“比”就算最基层的行政单位了？我说，大概是吧。她接着问，管“比”的官叫什么？我说，《易经》里没说。不过，《周礼》里面有“比长”之类的小官吏，其职责是“比长各掌其比之治，五家相受，相和亲，有辠（zùi）奇邪，则相及。”比长的权力比咱现在居民委员会主任的还大点儿呢，既要管五家的和睦相处，还要管违法乱纪的事。新中国成立以前，那时的政府搞什么联保连坐法，一家犯法，邻居跟着倒霉，这也是继承了咱儒家圣人的优秀文化传统呢。叔姬又问，“比长”上面还有什么官呢？我说，其实，看那“比长”，似乎称不上官，他上面还有“闾胥”、“族师”、“党正”、“乡师”之类的，直到“小司徒”，似乎才算是正式公务员，端铁饭碗。不过，这些官儿都是西周的，《易经》里不一定全有。《易经》里的官吏，文职的大概要从史、巫算起，人数还不少，《巽》卦九二有“用史巫纷若”之说；武官大概要从武人、君子算起，君子尤其多，而且多半跟战争有关，往往是“君子征凶”之类的爻辞中出现，大概是要直接犯死陷阵的连排级干部吧。君子往上就是“帅”，可能是一个战区的司令，不一定是固定职位。有时候这类“帅”也叫“大人”，但大人又不一定是“帅”，这大概跟《易经》产生于商周之交有关吧。咱华夏的官阶固定下来，据说还多亏了当时的老外西夷人姬旦也就是周公制定礼乐制度呢。就是被当今学者们吹捧到天上的所谓“千古一帝”私生子秦嬴政，其实认真说，也是归化不久的老外，也是归化不久的西夷人。他一人独裁，全权专制，后代的所谓仁君也好，暴君也好，无不奉为天经地义；当今一些专制学者们更把这说成是中国第一次统一。其实，这哪里是统一。他只不过废除天子制，废除分封制，搞了皇帝制，搞了郡县制。分封制嘛，有点儿像今天老美的联邦制；郡县制嘛，就是咱两千年来神圣不可侵犯的皇帝老倌儿独裁制。嬴政只是进行了行政管理体制改革而已。春秋战国时期，诸侯们虽然打来打去，但没有哪个说自己不是中国人，想分裂出去，在中国之外另立一个国家，另立一个跟周天子平行的政权，大家只是在争夺最高统治权而已，无所谓统一不统一。连嬴政自己也从来不说统一，而是说“兼并天下”，也就是把天下一口独吞，或是揣到自己一个人腰包里罢了。

叔姬说，好了，转回来吧，别东拉西扯赚课时费。我说，难道你连“旁征博引”这样稍微好听的话也不会说吗？真是粪土之墙不可圬也！好吧，话说《易经》中的统治者，在“帅”以上，就是“王臣大人”，以及“公”、“侯”这个档次的贵族。公侯往上，就是“王”、“大君”或者“天子”了。“王”和“大君”这两个称呼，大概商周都通用。“天子”肯定是西周的最高统治者了。叔姬这时说，这些是往上看，要是往下看呢？我说，往下看嘛，君子下面就是“小人”了。“小人”不是今天的“卑鄙小人”，而是非贵族的自由民吧，也就是“平民”。这种人大概也可以叫做“邑人”，就是某个贵族封地上的平民，平时组织奴隶生产，战时出人出枪，“为王爪牙”没资格，但“为王前驱”当个炮灰什么的，大概是可以的。这些小人不打仗时，在外经商就是“旅人”或者“行人”。但有时候“行人”也可能是官吏，奉使出行，就是“行人”。“小人”再往下，就是日子天天不大好过的人了。最常见的是奴隶中地位较高的，能贴身伺候主子的，如男仆叫“臣”，女仆叫“妾”，小奴隶叫“僮”，三种合起来也可以称“仆”。比他们地位更低的，就提都不提了。因为那些“人”根本就没有“人”的资格，提他干什么？臣妾僮仆至少形式上还能随着主子到处转悠，更倒霉的“幽人”、“刑人”就连这点“自由”也没了。

叔姬说，怎么，还有受刑的人吗？我说，古往今来，除非像马克思说的阶级消灭了，否则，哪有不动刑的？叔姬说，台湾的牟大师说，咱古代政府与人民和睦相处，政府把土地分给农民种，从不干涉农民，农民“日出而作，日入而息，凿井而饮，耕田而食”，自在的不得了，怎么还会有受刑的人和事呢？我说，台湾的牟大师，大概是把蒋经国在台湾搞土改当作尧舜禹汤文武周公的“仁政”了吧？牟大师这人，自称要“哲学地建立中国哲学”，大概搞历史也是“哲学地”建立中国历史，拿着他所谓的“哲学”也就是咱儒家伦理学做淫具，把咱祖师爷“临幸”过的历史神话荡妇，当信史童贞少女玩弄，才搞出那么一套古代政府与人民和睦相处的鬼话来。其实，《易经》中就保留了上古时代狱讼的真实资料。你看看就知道，哪里有什么政府与人民和睦相处？先说打官司吧。《訟》卦大部分说的就是打官司。卦辞开宗明义就说：“有孚，窒惕，中吉，终凶。利见大人。不利涉大川。”占筮答复你，若不警惕，中途可能吉利，但最终结果却是凶险的。后面的“利见大人”等，则是另占之词，也就是对其他占问之事的回答。初六说：“不永所事，小有言，终吉。”手头的活计，大概就是打官司吧，不要长期拖下去。那样，虽然有点儿小麻烦，但最终是吉利的。九二反过来，就是“窒惕”的结果，由于不警惕，“不克讼，归而逋，其邑人三百户无眚。”官司终于打败了，回来还逃跑了。但还算幸运，封地上的三百户邑人却没减少。九四同中有异，说：“不克讼；复即命渝，安贞吉。”虽没打赢官司，但回来后就命令改变，平心静气地占问一下，结果就是吉利。九五则干脆得很：“讼，元吉。”这官司就是要打，大吉大利，必定胜利！

除了官司，就是刑狱。《噬嗑》一卦，闻一多先生说全是刑狱之象，一点都不错。卦辞上来就说：“噬嗑：亨，利用狱。”噬嗑，本来是说咬东西，但也可以象征你落到人家的血盆大口里去了。叔姬马上说，你才落到人家血盆大口去呢！我说，汉语中的“你”，并非就指实实在在的你，只是这么比方而已。叔姬说，不管怎么说，总之，别当着我说“你”！我说，是了，以后改用“我”得了。比如说，我掉到血盆大口里，那就有去无回了！但这是对倒霉的我而言；若是对法官大人、监狱长大人而言，岂非大吉大利之事吗？又有个倒霉鬼落到我口里了，我可以把他连骨头都嚼碎了吃下去，何等快哉！所以，这一卦象征利于用刑狱。咱中国龙生九子，有一龙叫“狴犴（bī àn）”张着血盆大口，守在牢狱门口，就是象征刑狱之威严可怖。

狴犴图

监狱大门上的狴犴雕塑

不过，咱先来点儿客气的吧，那就是《坎》卦。卦辞说：“习坎：有孚，维心亨，行有尚。”占得坎卦，答复是，如果心里想得通，那么，行事还有希望。这是告诉你——哦，不对，是告诉我，可能要倒霉，得先做好思想准备。果然，初六就来了：“习坎，入于坎窞（dàn），凶。”占得坎卦，我可能要进“坎窞”了。“坎窞”是什么？地窖？不对！就是牢狱，关押犯人的土坑。进那里边，还有好吗？九二告诉我：“坎有险，求小得。”牢狱里危险，赶快想办法吧，可能还有脱身的希望。可是，我门路没走对，花钱没花对地方，还是要进“坎窞”。六三就说了：“来之坎，坎险且枕，入于坎窞，勿用。”来到牢狱，牢狱危险而且幽深。进了牢狱，什么法也没用了，我就乖乖呆着吧。

六四描述我狱中情形：“樽酒，簋（guǐ）贰，用缶，纳约自牖，终无咎。”可能因为我是有一定级别的干部吧，所以，蹲班房还能住单间，每顿饭还有一樽酒喝，有两大碗食物，大概还有保健饮料，用老谋子鼓过的缶装了，从天窗里递进来，供我享受。这等牢狱之灾，不如说是躲大灾的好方法。因此，占辞告诉我，最终无咎，安心等着人家来请我出去吧。

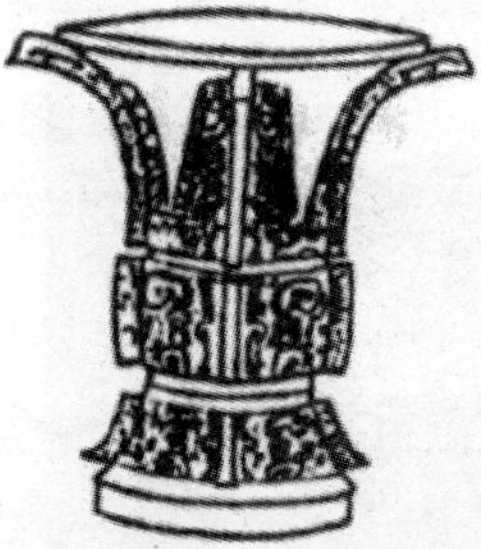

佳父癸尊

（藏上海博物馆）

百乳雷紋簋

（陕西清涧解家沟出土）

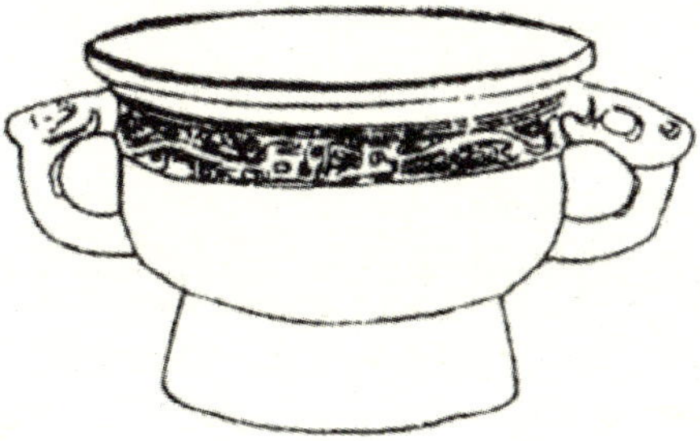

龙纹簋（安阳殷墟西区出土）
（转自罗西章、罗芳贤《古文物称谓图典》）

结果呢，不出所料，九五说："坎不盈，祗既平，无咎。"坑不满，坻也平了，这就象征一切都摆平了，我当然也就没灾祸了。不过，也说不定，上六说："系用徽纆（huī mò），置于丛棘，三岁不得，凶。"那就是被用绳索捆起来，押在荆棘丛中，而且三年不得释放，这岂不是凶险吗？跟这相似的，还有《困》卦，初六说："臀困于株木，入于幽谷，三岁不觌。"屁股卡在木叉上，又关在深谷里，三年见不着。六三也说："困于石，据于蒺藜……凶。"被绑在石头上示众，又关在荆棘丛中，当然也是凶。跟这条爻辞相近的，还有《豫》卦的六二："介于石，不终日，贞吉。"看到这条爻辞，会有点儿眼熟吧？叔姬说，是。好像是前国民党总裁蒋介石的名字。我说，不简单。现在的年轻人，除了知道周杰伦，大概没几个知道蒋介石的。不过，这蒋介石的名字不是《易经》的原意。《易经》里的"困于石"、"介于石"是古代一种刑罚。街痞子、小瘪三之类的，惹事生非，就抓起来，捆绑或者夹在一种叫"嘉石"的石头上，惩戒示众。而蒋介石的名字，意思却是说他比石头还耿介正直。那也是从《彖》、《象》、《系辞》之类的牵强附会中来的。这种滑天下之大稽的命名，现在也不少。有位颇有名气的女角，江湖人称"万人迷"。其实，"万人迷”是个很难听的名字。叔姬说，怎么难听？我说，读过《林海雪原》吗？叔姬说，读过。我说，里面有个烂女人江湖诨号叫什么？叔姬说，好像是“蝴蝶迷”。我说，对。旧社会的下等妓女、下流妓女都叫什么什么迷。凡以“迷”字结尾的，都是这类又丑又烂的下流妓女。这类“迷”中，以“万人迷”最为下下。“蝴蝶迷”只迷蝴蝶，“万人迷”则物尽可夫。叔姬脱口说，天哪，是谁给人家起这么坏的名字，太缺德了！

我说，好了，人各有志，随他去吧。还是说咱的《易经》刑狱。入了狱的人，并非个个都像我那么有地位，有来头，受优待。大部分都要吃苦头的。现代犯人罪稍重的，入狱后要戴什么？叔姬说，手铐脚镣。我说，这也是咱的文化传统。前面咱丢下《噬嗑》卦，现在重新捡起来说。《噬嗑》初九说：“屦（jù）校灭趾，无咎。”那就是戴上脚镣了，只不过那脚镣是木制的，不是铁质的，但也把脚磨坏或者说夹坏了。只不过这还算轻的刑罚，所以说无咎。叔姬说，脚都夹坏了，还说轻？我说，你听下去就知道了。六二说：“噬肤，灭鼻，无咎。”过去对这条爻辞的解释是“吃肉把鼻子都挡住了”，我觉得恐怕不是这样。说不定是人家吃这犯人的肉呢，还把鼻子也打坏了。叔姬说，是呀。前面讲过，血祭是把人牲的鼻子打坏的。听着都怕人！我说，若不是血祭，只是把鼻子打坏了，皮肤撕破了，那倒也真的是轻的了，所以也无咎。六三说：“噬腊肉，遇毒；小吝，无咎。”这是用吃腊肉打比方，在牢狱中也免不了有人要毒死你——哦，不对，该掌嘴，是毒死“我”——幸好发现了，所以只是点儿小麻烦，无咎。叔姬说，怎么听去像现代推理小说似的？我说，这就叫文化的传承！九四与六五两爻特有意思。九四说：“噬干子（胏），得金矢；利艰贞，吉。”六五说：“噬干肉，得黄金；贞厉，无咎。”“干子（胏）”也就是“干肉”，就是肉干。吃肉干吃到黄金或金箭头……叔姬打断我说，是不是天上掉馅儿饼啦？或是古人也像咱现代人，八月十五给官儿们送盒月饼去，里面夹着金叶子？我说，不是。闻一多先生解释这条爻辞说，古时打官司，先命令两造就是今天说的双方交纳一定的黄金或者金箭给法官，官司打赢的，得发回黄金或者金箭；官司打输的，黄金金箭就由官家没收。所以，吃干肉吃到黄金金箭，就预兆官司打赢了。不过，那所谓黄金金箭也不是什么今天投机倒把的黄金，充其量就是黄铜而已。闻先生还说，治《易经》，应该像清代学者孙诒让治《周礼正义》那样，从当时实际的礼俗出发，才能得出真正的解释，而不是像象数家那样拿着所谓“易象”胡扯，最后把《易》治死了。叔姬说，你前面不是说，象数派不是比义理派还要当行本色些吗？我说，是呀。《易经》的作用功能就是占筮吉凶，而不是讲仁义道德。所以，象数派比义理派当行本色。但这不等于象数派就是真理。其实，《易经》本身就不是什么真理。真理还用占筮吗？前面说了，玩《易经》，搞占筮，其实就是用人类最原始的思维方法，即类比联想，从已知的事，去联想推断未知的事。可是，联想推断有时不尽如人意。比如说，你想找个相信“爱情至上”的大大大款，可是，占筮结果却是个癞蛤蟆……叔姬立即说，你才是癞蛤蟆！我说，是，是。又忘了。该说我想找个傻了瓜叽的富婆，好骗她的钱花，可是，占筮却说我找到的会是个丑八怪。你说我会付算命的命金吗？我不臭骂那算命瞎子一顿才怪呢！所以，历代那些玩象数的睁眼瞎子们又想出些新花招来，好骗那些来算命的官儿们和富婆们。其中一招就是讲什么“得位”、“得中”。叔姬说，什么叫“得位”“得中”？你前面没讲过呀。我说，这就是老师我教学有方嘛。现在讲给你。每一卦不是有六爻吗？每一爻都在一定的位置上，那叫做爻位。一三五是奇数，或者单数，或者阳数；二四六是偶数，或者双数，或者阴数。这样，不仅爻分了阴阳，爻所占的地位也分了阴阳。我的三寸不烂之舌不就又多了个回旋的空间吗？

男的数字应该是阳数，女的数字应该是阴数。所以，若是小帅哥们来找我算命，占得的爻数是一三五，那就叫“得位”。MM们来找我算命，占得的爻数是二四六，那也叫得位。

帅哥占得《剥》白色的一、三、五爻，就叫得位。

MM占得《大有》白色的二、四、六爻，就叫得位。

如果爻辞不好，人家不爱听，我就从爻位做文章，说得人家爱听。比如说，一位MM来找我算命，问的是婚恋对象事，我鼓捣一阵，遇《坤》卦上六，一看爻辞，是“龙战于野，其血玄黄”。哟，这又打架，又流血的，似乎与婚恋有点不合拍，不吉利。怎么办呢？我就说啦，上六，从爻的属性说，属阴；从爻位说，也属阴。得位，得位。恭喜MM，这一卦大吉大利，预兆有两个帅哥为你拼命，打得头破血流还觉着自己不够忠心耿耿呢！MM一听，马上就把小钱包掏出来啦，我要多少，她连价都不砍，痛痛快快就递过来了。还有的MM不甘心，怎么只有两条龙在打呀，多几条，她脸上不更光辉吗？她就会拐弯抹角地问我，先生，确实是两条龙吗？我一听，生意又来了。再替她鼓捣一阵，还是《坤》卦上六（这怎么鼓捣，你自己琢磨去），再一看，啊呀，还是“龙战于野，其血玄黄”！恭喜MM，老朽刚才眼拙，您这么大富大贵的命都没看出来！为您打架的不止一条龙呀，“龙战于野”，只说龙们在战，可没说数字的上限。哟，为您拼命的帅哥多去了！而且，不是一般帅哥，一般帅哥都该靠边站！为您拼命的都是“龙哥”呀！老朽眼拙，老朽眼拙！您的婚恋，风光顶天，大富大贵！这一说，这位MM把小钱包里的钱尽数给了我，还不忘加上一句“零就不用找啦”，表示人家有大富大贵大“性福”的命哪！

叔姬说，这就叫“得位”！好，那么“得中”呢？我说，得中么，你看六十四卦每一卦据说都是由八卦两两重叠而成——不过，前面已说过，这也是汉以后的穿凿附会—— 这样，每一卦又有上卦和下卦。上卦三爻，下卦也是三爻。它们各自中间那一爻就是中位。如果占得那一爻，就是“得中”。“得中”比“得位”还好。比如，一位帅哥来找我算命，我一不小心，鼓捣出了一个《夬》卦的九五：“夬履，贞厉。”《夬》卦，上卦是《艮》，下卦是《乾》。《夬》卦的九五是阳爻，从上卦《艮》的角度看，是在《艮》的中间，九五又是阳位，对于男性而言，这就叫“得中”。如果对于女性而言，她的“得中”就应该在下卦的中位。比如，一个 MM 来算卦，占得《遯》的六二，六二是阴爻，《遯》的上卦是《乾》，下卦是《兑》，六二在下卦《兑》的中间，又是阴位。这位 MM 来问卦就“得中”了。爻性的阴阳，爻位的阴阳，再加上“得中”，我解释繇辞含义时，信口开河的空间，就增加了三三得九倍哪！

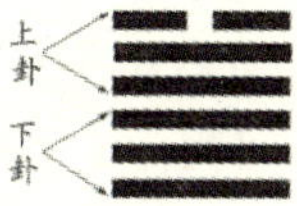

《夬》卦上卦为《艮》，下卦为《乾》

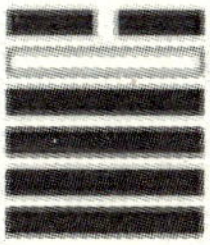

帅哥占得《夬》九五，九五居于上卦《艮》的中位，就叫得中。

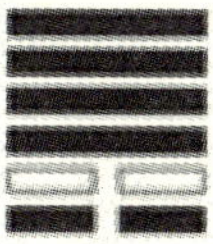

MM 占得《遯》六二，六二居于下卦《兑》的中位，就叫得中。

好了，回过头来为帅哥解释《夬》卦九五吧。“夬履”有两种解释，一种是“葛履”，相当于咱穿草鞋；另外一种是“破鞋”，但不是乱搞男女关系的“破鞋”，而是原汁原味的鞋穿破了。不管哪一种解释，看去都不太好。小帅哥一不高兴，不付卦金不说，扯了我的招子，掀了我的摊摊，就更麻烦了。于是，我赶快用爻位转弯。啊呀，小哥哥，你现在时运稍有不济（放心，这话对来算卦的人，永远没错。因为时运好的人大概就不会来算卦，找你指示迷津了），“夬履”就是这稍有不济之象，但你前途无量，你看，爻位在九五之尊。知道什么是九五之尊吗？那就是帝王之尊哪！小帅哥当然不会相信他能当皇帝。但我会说啦，九五之尊，在古代指帝王，在今天就是指老总之位。看来，你如今稍有不顺，但将来老总之位是坐得上的。小帅哥这下高兴了，开始掏钱包了。不过，帅哥的钱没有 MM 的那么容易出来。也难怪嘛，他上有老母八十一，下有弟妹八岁余。不过，这都不是最要紧的。最要紧的是他还有女友一十七，正是个花大钱的主儿。所以，他其他方面只好紧缩银根。因此，要打开他的钱包，还要加点力气。我就说啦，不过，这九五之尊得来不易呀，你看后面这句“贞厉”，大有玄机哪！小帅哥一听大有玄机就茫然了——咱中国人听到“玄机”二字都会茫然的——问我什么玄机。我就说，“贞厉”之“厉”，其意有二：一是结果大大不吉，甚至比不吉还危险。你想啊，“无病”跟“病危”、一般的“鬼”跟“厉鬼”是一个档次吗？弄不好别说九五之尊泡汤，恐怕性命还有危呢。小帅哥这一听急了，赶紧追问，那另一解呢。我说，另一解可能是鼓励你吧，发扬蹈厉，再接再励，不也是“厉”吗？小帅哥当然要接着问，那我这一卦属于哪个“厉”呢？我就会说，天机不可泄露。小帅哥当然明白，我泄露天机是要补偿的。钱包就第二次打开了。以后我再给他来个化暴戾为祥和，他的钱包恐怕就要第三次打开了。这就是“得位”、“得中”的妙用。

这一套，不仅象数派在用，连义理派也在用。象数义理，就在这儿合二为一了。只要是搞巫术的，最终总会合二为一的。老师我看你这段时间学得诚心，经常有孝敬，所以，才把这不传之秘传给你。岳元帅说，“运用之妙，在乎一心”，将来用得如何，是否财源滚滚，就看你的造化了。

叔姬说，我看你的造化好像不怎么高，要不也不会来当穷教书的了。我说，那是老师我君子爱财，取之有道嘛。叔姬说，不羞，不羞！明明无能，还有道呢！好了，转回来说《易经》中的刑狱吧！我说，老师我只顾给你真传，说到哪里都忘记了。叔姬说，蹲监狱讲完了，《噬嗑》卦的刑罚才开头。我说，讲起《易经》中的刑罚，那可是又热闹，又坦率。就说《噬嗑》的上九吧，“何校灭耳，凶。”意思是说，给那倒霉鬼戴上了枷锁，把他耳朵都磨烂了，甚至磨没了。那还能不凶吗？还有先前说那些“困于蒺藜”啦，“困于丛棘”啦，乃至《困》卦上六的“困于葛藟，于臲卼（niè wù）”，那不只是把人放在荆棘丛中，而且是一种特殊刑罚，后世的刑具“站笼”，让人站在里面，四周都是尖钉，动弹不得，就是这种“困于丛棘”的人工化、智能化的与时俱进的发展。再往重的看，《困》九五说：“劓（yì）刖（yuè），困于赤绂；乃徐有说，利用祭祀。”劓刑，刖刑，那就不只是困在丛棘中动弹不得那么简单了。劓刑就是把鼻子割掉，刖刑就是把脚砍了。比起来，前面说的磨坏鼻子是不是算轻的了？还有，《睽》卦六三说：“见舆曳，其牛掣，其人天且劓。”其中的“天”，也是一种刑罚和规矩，若是刑罚，就是在额头上刺字，以墨涅之。若是规矩，就是在奴隶脖子上刺字，也用墨涅之，以防止奴隶逃跑。叔姬听了说，太残忍了。比起来，戴脚镣和木枷，磨坏脚趾和耳朵，真的算是轻的了。我说，可是，比起《剥》卦里的刑罚来，天刑、劓刑、刖刑又不算什么了。《剥》卦初六说：“剥床以足，蔑，贞凶。”那才厉害呢。（帛书：剥臧以足，蔑，贞凶。）叔姬说，剥床是什么事呀？床只听说“拆”，还没听过能“剥”的，是不是拆床呀？我说，不是。过去大家也一直为你说的这问题苦恼。等到《帛书周易》出来，才真相大白。原来这几条爻辞中的“床”字，本来是“臧”字。“臧”是什么？就是奴隶中的下等奴隶。“剥臧”就是把“臧奴”剥皮，“剥臧以足”就是把臧奴的皮从脚剥起，然后杀掉。这种卦象当然是凶险的。还有六二的“剥床以辨，蔑，贞凶”，也是把奴隶剥皮，从膝盖（辨）剥起，然后杀掉。六三更说：“剥之，无咎。”尽管剥吧，把他全剥了，也没什么灾难。六四说：“剥床以肤，凶。”那就是剥皮要从肚皮剥起。叔姬说，怎么这么残忍哪？我说，《易经》时代并不认为这是残忍的。那是前道德时代，无所谓残忍及其对立面仁慈。敢剥奴隶的皮，能剥奴隶的皮，大概还是一种英雄行为呢。这种“英雄”气质，在中国一直传了下来。后来的“凌迟”、“活剐”，就是这种“剥”刑的更精制的发展。明朝一个妇女，犯了通奸和谋害亲夫罪，被凌迟处死，一共割了两千五百多刀才让她死掉。这应该是中国酷刑史和世界酷刑史之最了！人说中国没有解剖学，错！只不过中国的解剖学不用于医学和艺术。所以，直到新中国成立之前，中医不知人体结构，画家画人就是画个脑袋，穿上衣服就行了，不知是张三还是李四。中国的人体解剖学专门用于折磨人，残害人，而且，要剥哪里，就剥哪里。这种解剖水平，在《易经》时代可说已达到世界最高水平。这倒真值得咱天朝大国的子民们骄傲骄傲了！

没法结的尾

讲了《易经》时代的刑狱后第二天，叔姬对我说，我不想继续玩《易经》了。我说，为什么？叔姬说，听去太残忍了。我说，开始我就告诉你，《易经》时代是中国的前道德时代，没有什么善恶可言，只有吉凶或者说利害。所以，不能用后代的道德观念或者人道心理去要求它或者衡量它。你读荷马史诗，阿喀琉斯把赫克托耳杀死后，还把赫克托耳的尸体拖在战车后，绕着特洛亚城跑了三圈。这要在今天看，也是非常不人道的。但是，在那英雄主义时代，却是人们认可的。打个比方，猫咪抓到老鼠，并不马上就咬死吃掉，而是要玩耍一阵，表现它克鼠之后的兴奋，你也不能用今天的观念来谴责猫咪没有鼠道主义。叔姬说，你以为我不懂这些吗？我知道，《易经》的价值就在于保存了一套跟先秦诸子都不同的思想体系、价值体系。但我的意思是说，一个现代人，用这些原始的、野蛮的东西，来骗同时代的同类、同胞，不是更令人恶心吗？我说，那又当别论了。既然如此，咱玩《易经》就到此为止吧。叔姬说，不，虽不能十全十美，起码还是要善始善终吧。这样，你把六十四卦的繇辞译成今天的白话文，作为结尾吧。我说，这尾可没法结。叔姬说，为什么？我说，时代的久远，古籍的残破损毁，两汉魏晋以及以后易经经师们的篡改，使今日我们所见到的《易经》，已经不是原来的《易》了，再加上远古观念的堙没，语言规则的变换，现在的《易经》中的词句，至少有四分之一可能永远找不到真正的、正确的解释。所以，咱俩玩《易经》，也只是得其仿佛而已，要做到句句确解，老师我也没那本事。叔姬说，姑妄言之姑听之吧。从古至今的易经经师们，胡说八道还少吗？你就说自己的了解，我不怪你就是。我说，那就勉为其难了。今译如下。

第一卦：䷀乾（键）：关键、忧虑、防范

乾：元亨，利贞。

今译：开张大顺，利于占筮（shì）。

初九，潜龙，勿用。

今译：潜伏的龙，没有动作。

九二，见龙在田，利见大人。

今译：见到龙在田野中，利于觐见大人物。

九三，君子终日乾乾（键键），夕惕若厉，无咎。

今译：君子整天防范，重重下键，晚上也警惕不已，如有大难，这样反而没有灾祸。

九四，或跃在渊。无咎。

今译：有的龙跳到深渊里了。没灾祸了。

九五，飞龙在天，利见大人。

今译：（见到）飞龙在天上，利于觐见大人物。

上九，亢龙有悔。

今译：亢奋的龙会泄气。

用九，见群龙无首，吉。

今译：见到群龙没有首领，吉利。（这预兆你可以为首）

第二卦：䷁坤：土地

坤：元亨，利牝（pìn）马之贞。君子有攸往，先迷，后得主，利。西南得朋，东北丧朋。安贞吉。

今译：开张大顺，利于占问骒马之事。君子去某地，先迷了路，后来遇到了主人，有利。往西南能发财，往东北会折财。占问平安，吉利。

初六，履霜，坚冰至。

今译：踩到寒霜，坚冰要来了。

六二，直方大，不习，无不利。

今译：理直的一方为大，即使占筮不顺，也没有不利的。

六三，含章，可贞，或从王事，无成有终。

今译：口中含玉，可以占筮。如果执行君王的任务，不会有功，但能有始有终。

六四，括囊，无咎无誉。

今译：扎紧口袋。没有灾祸，也没有声誉。

六五，黄裳，元吉。

今译：（穿）黄色下裳（祭祀），大吉大利。

上六，龙战于野，其血玄黄。

今译：龙在原野战斗，它们的脓血是黑黄色的。

用六，利永贞。

今译：利于占问长期的事。

第三卦：䷂屯（zhūn）草木初生，引申为难、吝惜

屯：元亨，利贞；勿用有攸往，利建侯。

今译：开张大顺，利于占筮。不必去什么地方了，（这里）就利于建立侯国。

初九，盘（磐）桓，利居贞，利建侯。

今译：大石筑墙，利于安居占筮，利于建立侯国。

六二，屯如邅（zhān）如，乘马班如。匪寇婚媾，女子贞不字，十年乃字。

今译：一大帮人聚集起来，逡巡着，骑马转悠着。不是强盗，是来求婚的。占筮一下女子情况，不会怀孕，十年才会怀孕。

六三，即主鹿无虞，惟入于林中，君子几，不如舍，往吝。

今译：因为追逐野鹿，没有（管理山林的）虞人（引导），便追入林中。但君子考察了一番，不如舍去。追下去有

麻烦。

六四，乘马班如，求婚媾。往吉，无不利。

今译：一大帮人骑马转悠着去求婚。去吧，吉利，没有不利的。

九五，屯其膏，小贞吉，大贞凶。

今译：吝惜脂膏，占问小事吉利，占问大事则凶险。

上六，乘马班如，泣血涟如。

今译：一大帮人骑着马转悠着，血泪涟涟。

第四卦：䷃蒙：草木蒙茸

蒙：亨。匪我求童蒙，童蒙求我（这两句应该是第五爻的爻辞，窜入这儿了）。初筮告，再三渎（dú），渎则不告。利贞。

今译：顺利。不是我求童蒙，是童蒙求我。初次占问可以告知，再三就亵渎了，亵渎就不告知。利于占筮。

初六，发蒙，利用刑人，用说桎梏；以往吝。

今译：开发蒙茸（地带），利于使用囚犯，因此可以脱去（他们的）枷锁。但长此以往会有麻烦。

九二，包蒙，吉。纳妇，吉；子克家。

今译：把蒙草打包打捆，吉利。娶媳妇，吉利。儿子能成家了。

六三，勿用取女，见金夫，不有躬，无攸利。

今译：不要娶这女子。见到铜人，就不会有身孕。没什么好处。

六四，困蒙，吝。

今译：把蒙草捆起来。预兆有麻烦。

六五，童蒙，吉。

今译：除尽蒙茸草木。吉。

上九，击蒙，不利为寇，利御寇。

今译：砍伐蒙茸草木，不利于去掠夺（易暴露自己），但利于抵御掠夺（易发现敌人）。

第五卦：䷄ 需：祭礼前沐浴斋戒，甲骨文作 

需：有孚，光亨，贞吉，利涉大川。

今译：有答复了，开张大顺，占筮吉利，利于涉过大河。

初九，需于郊，利用恒，无咎。

今译：在郊外沐浴，利于持之以恒。没有乱子。

九二，需于沙，小有言，终吉。

今译：在沙滩上沐浴，有点小乱子，但最终吉利。

九三，需于泥，致寇至。

今译：在泥地上沐浴，招来了强盗。

六四，需于血（洫），出自穴。

今译：从洞里出来，在大沟中沐浴。

九五，需于酒食，贞吉。

今译：在酒食后沐浴，占筮吉利。

上六，入于穴，有不速之客三人来；敬之，终吉。

今译：进入洞中，来了三位不速之客。恭敬他们，结果吉利。

第六卦：䷅ 讼：诉讼

讼：有孚：窒（zhì）惕，中吉；终凶。利见大人，不利涉大川。

今译：有答复了：放松警惕，中途吉利，最终凶险。利于见大人物，不利于涉过大河。

初六，不永所事；小有言，终吉。

今译：此事（诉讼）不要拖长，会有小乱子，但最终吉利。

九二，不克讼，归而逋（bū），其邑人三百户，无眚（shěng）。

今译：没打赢官司，回来就逃走了。但封地邑人三百户没减少。

六三，食旧德，贞厉，终吉；或从王事，无成。

今译：吃老本，预兆危险，但最终吉利。或许执行大王的任务，不会成功。

九四，不克讼；复即命，渝，安贞吉。

今译：没打赢官司，回来就命令改变（过去措施）。占问平安，吉利。

九五，讼！元吉。

今译：打官司！大吉大利。

上九，或锡之鞶（pán）带，终朝三褫（chǐ，帛书作“摣（zhā）”）之。

今译：有时赐给他一条佩玉小皮带，一上午就解脱了多次。

第七卦：䷆师：师旅、军队

师：贞，丈人吉，无咎。

今译：占筮：大人吉利，没有灾祸。

初六，师出以律，否臧凶。

今译：出师要合乎乐律，否则，逆顺都凶险。

九二，在师中，吉，无咎；王三锡命。

今译：在中军（指挥部），吉利，没灾祸。大王多次赐予任命。

六三，师或舆（yú）尸，凶。

今译：师旅中有时运出尸体来。凶险。

六四，师左次，无咎。

今译：师旅在左边驻扎两天以上，没有灾祸。

六五，田有禽，利执言，无咎。长子帅师，弟子舆尸，贞凶。

今译：田猎有野兽，利于捕获，没有乱子。长子率领师旅，弟子运送尸体。预兆凶险。

上六，大君有命：开国承家，小人勿用。

今译：大王有命令：开国继承家业，不要任用平民。

第八卦：䷇比：五家为“比”，普查、检阅也是“比”

比：吉。原筮，元永贞，无咎。不宁方来，后夫凶。

今译：吉利。原来占筮，占问长期大事，没有灾祸。不安宁的邦国来了，后到的凶险。

初六，有孚：比之，无咎；有孚盈缶（fǒu），终来有它，吉。

今译：有答复：普查，没有乱子。有答复：把缶装满，即使最终有其他（变故），也吉利。

六二，比之自内，贞吉。

今译：从内部普查，预兆吉利。

六三，比之匪人。

今译：普查痞子。

六四，外比之，贞吉。

今译：从外部普查，预兆吉利。

九五，显比；王用三驱，失前禽，邑人不诫，吉。

今译：大规模检阅，大王几次追猎，但都把野兽追丢了。邑人没有紧张。吉利。

上六，比之无首，凶。

今译：五家之“比”没有首领，凶险。

注：“比”之意，见《周礼·地官·小司徒》，亦见黄凡先生说。

第九卦：☴☰小畜：小家畜

小畜：亨；密云不雨，自我西郊。

今译：亨通。浓云密布，但没下雨，从我的西郊升起。

初九，复自道，何其咎？吉。

今译：（小畜）从路上回来了，哪有什么意外？吉利。

九二，牵复，吉。

今译：（把小畜）牵回来了。吉利。

九三，舆说辐（帛書作“輹”），夫妻反目。

今译：连接车轴与车厢之间的“车伏兔”（木块）脱了，夫妻要吵架了。

六四，有孚；血去惕出，无咎。

今译：有答复：放点血，病就好了，没有乱子。

九五，有孚挛如，富以其邻。

今译：有答复：捆得紧紧的，要从邻居那里发财。

上九，既雨既处，尚德（得）载；妇贞厉，月几望；君子征凶。

今译：下过雨，天晴了，还能装载。妇女占问，危险：月亮将圆之时，君子出征凶险。

第十卦：☰☱履：鞋，步履

履：履虎尾，不咥（dié）人，亨。

今译：踩着虎尾，不咬人。顺利。

初九，素履往，无咎。

今译：（穿着）丝鞋前往，没灾难。

九二，履道坦坦，幽人贞吉。

今译：走的路坦坦荡荡，预兆囚犯吉利。

六三，眇（miǎo）能视，跛能履。履尾咥人，凶；武人为于大君。

今译：独眼还能看，跛脚还能走。踩着虎尾要吃人。凶险。武夫要当大王了。

九四，履虎尾，愬（shuò）愬，终吉。

今译：踩着虎尾，小心翼翼，最终吉利。

九五，夬（guài）履，贞厉。

今译：（穿着）破鞋，预兆危险。

上九，视履，考祥，其旋，元吉。

今译：审视足迹，考察祸福征兆，转回去吧，大吉大利。

第十一卦：䷊泰：通泰

泰：小往大来，吉，亨。

今译：小的去，大的来，吉利，亨通。

初九，拔茅茹，以其彙（huì），征吉。

今译：拔茅草喂马，连类拔起。预兆出征吉利。

九二，包荒，用冯（píng）河，不遐遗；朋亡，得尚于中行。

今译：瓠瓜用来渡河，不会淹着，但丢了钱财，后来中途得到补偿。

九三，无平不陂（pō），无往不复。艰贞：无咎，勿悔恤（xù）。其孚：于食有福。

今译：没有平地不变得不平，没有只去不来。艰难时占问结果，没有灾祸，不用遗憾担心，会回来的，在吃的方面还有福气。

六四，翩翩不富，以其邻。不戒，以孚。

今译：忙忙碌碌，还是富不起来，因为被邻居抢了。没有警戒，又重蹈覆辙。

六五，帝乙归妹，以祉（帛书作“齿”），元吉。

今译：帝乙嫁女儿，按照年龄次序，大吉大利。

上六，“城复于隍；勿用师。”自邑告命，贞吝。

今译：“城墙倒在壕沟里了，不要出兵了（撤回来）。”这是从封邑中传来的命令。预兆不妙。

十二 ䷋ 否（pǐ，帛书作“妇”）：闭塞，否决，取缔

否：否之匪人，不利君子贞；大往小来。

今译：取缔坏人。这卦不利于君子占问，大的去，小的来。

初六，拔茅茹，以其彚，贞吉，亨。

今译：拔茅草喂马，连类拔起。预兆吉利，亨通。

六二，包承，小人吉；大人否，亨。

今译：包着祭祀的烝肉，小人吉利，大人不吉利，但会亨通。

六三，包羞（馐）。

今译：包着献祭的熟肉。

九四，有命无咎，畴（帛书作“梼”，祷也）离祉。

今译：有命令，没有灾祸，祈祷以后可以得福。

九五，休否，大人吉；其亡其亡，系于苞桑。

今译：停止堵塞，大人吉利。要逃掉了，要逃掉了，但又缠在苞桑丛中。

上九，倾否；先否后喜。

今译：歪头经络不通了。先不通，后来好了。

十三 ䷌ 同人：召集族人

同人，同人于野，亨，利涉大川，利君子贞。

今译：召集族人到野外，亨通，利于涉过大河，利于君子占问。

初九，同人于门，无咎。

今译：召集族人到宫门前，没有乱子。

六二，同人于宗，吝。

今译：召集族人到宗庙。不顺当。

九三，伏戎于莽，升其高陵。三岁不兴。

今译：把队伍埋伏在丛莽中，又登上高山。多年没有这样动员了。

九四，乘其墉（yōng），弗克；攻，吉。

今译：登上敌人的城头了，没能克敌，再进攻，吉利。

九五，同人，先号咷（háo táo），而后笑，大师克相遇。

今译：召集族人，起先嚎啕大哭，后来大笑，因为能够和大军会师了。

上九，同人于郊，无悔。

今译：召集族人到郊外，没遗憾。

十四 ䷍ 大有：大丰收

大有：元亨。

今译：开张大顺。

初九，无交害，匪咎；艰则无咎。

今译：没有交相危害，不算灾祸，尽管艰难，但没有灾祸。

九二，大车以载，有攸往，无咎。

今译：用大车装载，有去的地方，没有灾祸。

九三，公用亨于天子，小人弗克。

今译：公侯用来飨宴天子，平民小人不行。

九四，匪其彭（子夏传作“尪 wāng”），无咎。

今译：不是那口鼻朝天的怪人，没有灾祸。

注：古时认为，天生口鼻朝天的畸形人出现，就会闹旱灾，因为老天爷怜悯他，怕下雨雨水流到他口鼻中去。

六五，厥（jué）孚交加，威如，吉。

今译：再次发射石块，交加而下，太威风了。吉利。

上九，自天佑之，吉无不利。

今译：有上天护佑，吉利，没有不吉利的。

十五 ䷎ 谦（帛书作“嗛”xián，汉石经同）

谦：亨，君子有终。

今译：亨通。君子会有结果。

初六，谦谦（嗛嗛），君子用涉大川，吉。

今译：衔枚，衔枚，不作声，君子因此涉过大河，吉利。

六二，鸣谦（嗛），贞吉。

今译：命令衔枚不作声，预兆吉利。

九三，劳谦，君子有终，吉。

今译：勉励衔枚不作声，君子会有结果。吉利。

六四，无不利，挥谦（王弼本作“撝（huī）谦”。帛书作“譌（wei）嗛”）。

今译：指挥命令衔枚不作声，没有不吉利的。

六五，不富以其邻，利用侵伐，无不利。

今译：富不起来，是因为邻邦部族（抢掠），所以，利于侵伐他们，没有不利的。

上六，鸣谦，利用行师，征邑国。

今译：命令衔枚不作声，利于行军，征伐封邑邦国。

十六 ䷏ 豫：象舞、乐舞

豫：利建侯行师。

今译：利于建立侯国以及出兵。

初六，鸣豫，凶。

今译：奏响舞乐。凶险。

六二，介于石，不终日，贞吉。

今译：捆在石上示众，不到一整天。预兆吉利。

六三，盱（xū）豫，悔迟，有悔。

今译：瞪眼看乐舞，后悔晚了，还有后悔。

九四，由豫，大有得；勿疑，朋盍（hé）簪。

今译：参与乐舞，大有收获。不用疑虑，何不把贝壳当做簪子。

六五，贞疾恒，不死。

今译：占筮：病久了，但不会死。

上六，冥，豫成，有渝，无咎。

今译：夜深了，乐舞结束了，有变化。没有乱子。

十七 ䷐ 随：追随、追捕

随：元亨，利贞，无咎。

今译：开张大顺，利于占筮，没有乱子。

初九，官有渝（谕），贞吉。出门交，有功。

今译：春官有布告，预兆吉利。出门交往，有功劳。

六二，系小子，失丈夫。

今译：捆住了小童，失去了主人。

六三，系丈夫，失小子。随有求得，利居贞。

今译：捆住了主人，失去了小童。追踪一阵，又抓到了。利于占问居住。

九四，随有获，贞凶；有孚：在道以明（盟），何咎！

今译：追捕而有收获，但预兆凶险。但有答复了：在路上签订盟约，还会有什么乱子呢？

九五，孚于嘉，吉。

今译：从有嘉部族回来了，吉利。

上六，拘系之，乃从维之；王用亨于西山。

今译：拘禁起来，然后捆绑起来，大王要用来祭祀西山。

十八 ䷑ 蛊：蛊虫、养蛊

蛊：元亨，利涉大川；先甲三日，后甲三日。

今译：开张大顺，从甲日前三天（辛日）到甲日后三天（丁日），利于涉过大河。

注：商代以天干记日。

初六，干父之蛊，有子考（帛书作“巧”），无咎；厉，终吉。

今译：继承父亲养蛊，有个儿子心灵乖巧，没灾祸，即使危险，最终还是吉利。

九二，干母之蛊，不可贞。

今译：继承母亲养蛊，不能占问。

注：因为妇女养蛊更神秘。

九三，干父之蛊，小有悔，无大咎。

今译：继承父亲养蛊，稍有遗憾，但没有大灾祸。

六四，裕父之蛊，往见吝。

今译：扩大父亲养蛊事业，往后会有损失。

六五，干父之蛊，用誉。

今译：继承父亲养蛊，因此出名了。

上九，不事王侯，高尚其事。(帛书后有“凶”字)。

今译：不服侍王侯，对养蛊之事自视甚高。凶险。

十九 ䷒ 临（帛书作“林”）

临（林）：元亨，利贞。至于八月有凶。

今译：开张大顺，利于占筮。到了八月有凶险。

注：周历建子，殷历建丑，夏历建寅。周历八月相当于商历九月、夏历十月，秋高物燥，极易失火，故凶。

初九，咸临（帛书作“禁林”），贞吉。

今译：禁止砍伐的树林。预兆吉利。

注：今南方少数民族地区犹有“圣林”，严禁砍伐。

九二，咸临（帛书作“禁林”），吉，无不利。

今译：禁止砍伐的树林，吉利，没有不利的。

六三，甘临（帛书作“甘林”），无攸利；既忧之，无咎。

今译：干枯的树林，没有什么利益。但关心到了，也就没灾难了。

六四，至临（帛书作“至林”），无咎。

今译：最好的树林，没有灾祸。

六五，知临（帛书作“知林”），大君之宜，吉。

今译：管理树林，是大君的职责所宜，吉利。

上六，敦临（帛书作“敦林”），吉，无咎。

今译：茂盛的树林，吉利，没有灾祸。

二十 ䷓ 观：祭礼

观：盥（guàn）而不荐，有孚：颙若。

今译：以酒灌尸祝后，没有荐枕席的仪式。占问结果：要恭敬严肃。（用闻一多先生说）

初六，童观。小人无咎，君子吝。

今译：观看女童。小人没灾祸，君子有麻烦。

六二，窥观，利女贞。

今译：偷看，利于女子占问。

六三，观我生，进退。

今译：观看我求生育的祭祀，进前而后退下。

注：“生”为古代一种祈求生育的仪式。甲骨文有“癸未贞其 生于高妣丙”。

六四，观国之光，利用宾于王。

今译：观察邦国的荣光，利于出使朝拜君王。

九五，观我生，君子无咎。

今译：观看我求生育的祭祀，君子没有灾祸。

上九，观其生，君子无咎。

今译：观看他们求生育的祭祀，预兆君子没有乱子。

二十一：䷔ 噬嗑（shì kè）：咬嚼

噬嗑：亨，利用狱。

今译：亨通，利于使用刑狱。

初九，屦（jù）校（jiào）灭趾，无咎。

今译：脚镣磨坏了脚趾，没灾祸。

六二，噬肤，灭鼻，无咎。

今译：撕咬皮肤，割掉鼻子。没灾祸。

六三，噬腊肉，遇毒；小吝，无咎。

今译：咬腊肉，中了毒。小麻烦，没灾祸。

九四，噬干子（胏），得金矢；利艰贞，吉。

今译：咬干肉，得到铜箭头。利于艰难时占问，吉利。

六五，噬干肉，得黄金；贞厉，无咎。

今译：咬干肉，得到黄金（铜）。预兆危险，但没出乱子。

上九，何（荷）校灭耳，凶。

今译：戴枷锁磨坏了耳朵，凶险。

二十二：䷕贲（bì）：装饰

贲：亨，小利，有攸往。

今译：亨通，有小利，有去处。

初九，贲其趾，舍车而徒。

今译：装饰脚趾，不乘车，徒步走。

六二，贲其须。

今译：装饰胡须。

九三，贲如，濡如，永贞吉。

今译：装饰一番，水灵灵的。占问长久的事，吉利。

六四，贲如，皤如，白马翰如；匪寇，婚媾。

今译：装饰一番，洁白光鲜，白马如雪。不是盗寇，是求婚的。

六五，贲于丘园，束帛戋戋；吝，终吉。

今译：装饰丘园，一束束淡色丝绸。有点儿小麻烦，但最终吉利。

上九，白贲，无咎。

今译：白色装饰，没灾难。

二十三：䷖剥：剥离

剥：不利有攸往。

今译：不利于有所往。

初六，剥床（帛书作“臧（zāng）”）以足，蔑，贞凶。

今译：把奴隶从脚开始剥皮，杀掉。因为占筮凶险。

六二，剥床（臧）以辨，蔑，贞凶。

今译：把奴隶从膝盖开始剥皮，杀掉。因为占筮凶险。

六三，剥之，无咎。

今译：把他剥皮，没灾难。

六四，剥床（臧）以肤，凶。

今译：把奴隶从肚子开始剥皮。凶险。

六五，贯鱼，以宫人宠，无不利。（帛书作“贯鱼食，宫人笼。无不利。”）

今译：叉鱼吃，宫人用笼子装去。没有不利的。

上九，硕果不食，君子得舆，小人剥庐（帛书作“芦”）。

今译：硕大的果子没吃。君子得车，小人剥芦笋（充饥）。

二十四：䷗复：复归、反复

复：亨。出入无疾，朋来无咎。反复其道，七日来复。利有攸往。

今译：亨通。出入没病，财源滚滚，没灾难。反复走那条路，七天就回来。利于有所往。

初九，不远复，无祇（qí）悔，元吉。

今译：不远就回来了，没太大悔恨，大吉。

六二，休复，吉。

今译：高高兴兴回来，吉利。

六三，频复，厉，无咎。

今译：频频回来，危险，但没灾难。

六四，中行独复。

今译：中途单独回来了。

六五，敦（diàn，同“殿”）复，无悔。

今译：殿后回来。没有后悔。

注：用清朱骏声说，《说文通训定声·屯部》：“敦，假借为殿。”《逸周书·武顺》：“一卒在前曰开，一卒在后曰殿。”

上六，迷复，凶，有灾眚。用行师，终有大败；以其国君，凶。至于十年不克征。

今译：迷失归途，凶险，有灾病。如此出兵，最终要大败；这是由于其国君之故。凶险。以至于十年不能征伐。

二十五：䷘ 无妄：没错

无妄：元亨，利贞。其匪正有眚，不利有攸往。

今译：开张大顺，利于占筮。不正就有病，不利于外出。

初九，无妄，往吉。

今译：没错误，往后吉利。

六二，不耕获，不菑（zī）畬（shē），则利有攸往。

今译：不耕而获，不开荒而有熟地，利于有所往。

注：这正是游牧生活的规则：游牧者抢夺农耕者。

六三，无妄之灾，或系之牛，行人之得，邑人之灾。

今译：没犯错误却飞来横祸。有时把牛拴在外面，过路人就牵走了。真是邑人灾祸。

注：与六三一样，游牧者盗窃定居者。

九四，可贞，无咎。

今译：可以占筮，没灾难。

九五，无妄之疾，勿药，有喜。

今译：无缘无故得病。不用吃药，这是怀孕了。

上九，无妄，行有眚，无攸利。

今译：没错处，但出行有灾病，没什么好处。

二十六：䷙大畜：大牲畜

大畜：利贞；不家食，吉。利涉大川。

今译：利于占筮。不在家吃，吉利。利于涉过大河。

初九，有厉，利己（帛书作“巳”，祭祀）。

今译：有危险，利于祭祀。

九二，舆说輹。

今译：把车箱和车轴连在一起的“车伏兔”（木块）坏了。

九三，良马逐，利艰贞。曰闲舆卫，利有攸往。

今译：好马发情了。这象征着有利于艰难时占问。答复是，熟悉车马防卫，就利于有所往了。

六四，童牛之牿（gù），元吉。

今译：小牛开始套上牛軛。大吉大利。

六五，豮（fén）豕之牙，吉。

今译：劁过的公猪的牙。吉利。

注：公猪阉割后，性情温顺，虽然呲着牙，但不会伤人，且又肥又壮，是上选的祭品，故吉。

上九，何天之衢（qú。帛书作“瞿”），亨。

今译：扛着天赐的戟。亨通。

二十七：䷚颐（yí）：腮帮

颐：贞吉。观颐，自求口实。

今译：预兆吉利。观看腮帮，自己找口中食物。

初九，舍尔灵龟，观我朵颐，凶。

今译：舍弃你的灵龟，看我的腮帮。凶险。

六二，颠颐，拂经于丘颐（帛书作“柫经于北”，颈背）。征凶。

今译：腮帮痉挛震动，扭了脖子通背的经络。出征凶险。

六三，拂颐，贞凶，十年勿用，无攸利。

今译：扭了腮帮，预兆凶险。十年不要行动，没什么好处。

六四，颠颐，吉；虎视眈眈，其欲逐逐，无咎。

今译：腮帮震动，吉利。老虎目光凶狠，大概想捕食。但没灾祸。

六五，拂经，居贞吉，不可涉大川。

今译：扭了经络，占问安居，吉利。不可涉过大河。

上九，由颐；厉吉，利涉大川。

今译：腮帮松开了，疠疫好了。利于涉过大河。

二十八：䷛大过：太过分

大过：栋桡（帛书作“䩸”，lóng）；利有攸往，亨。

今译：栋梁粗壮。利于有所往。亨通。

初六，藉用白茅，无咎。

今译：用白茅草铺地。没灾难。

九二，枯杨生稊，老夫得其女妻，无不利。

今译：枯杨树发新芽，老头子得个年轻媳妇。无所不利。

九三，栋桡，凶。

今译：栋梁干翘了。凶险。

九四，栋隆，吉；有它，吝。

今译：栋梁粗壮，吉利；但若有意外，就有麻烦。

九五，枯杨生华，老妇得其士夫，无咎无誉。

今译：枯杨树开了花，老太婆得了个年轻丈夫。没灾难也没名誉。

上六，过涉灭顶，凶，无咎。

今译：过河涉水时淹没了头顶，凶险，但没灾难。

二十九：䷜ 坎：坎井、地牢

习坎：有孚，维心，亨，行有尚。

今译：有答复：平心静气，就亨通，行动会有补偿。

初六，习坎，入于坎窞（dàn），凶。

今译：进了地牢，进入地牢的小洞，凶险。

九二，坎有险，求小得。

今译：地牢有危险，想办法会小有所得。

六三，来之坎，坎险且枕（沈），入于坎窞，勿用。

今译：来到地牢，地牢危险而且深沉，进入地牢的小洞。不要行动。

六四，樽（zūn）酒，簋（guǐ）贰，用缶，纳约自牖（yǒu），终无咎。

今译：一尊酒，两簋食物，用缶（装了水），从天窗递进来。最终没灾难。

九五，坎不盈，祇（zhì，借为“坻”）既平，无咎。

今译：坎井不满，山坡也平了，没灾难了。

上六，系用徽纆（mò），置于丛棘，三岁不得，凶。

今译：用大绳子捆着，放在荆棘丛中，多年不得解脱。凶险。

三十：䷝ 离：遭遇

离：利贞，亨。畜牝牛，吉。

今译：利于占筮，亨通。豢养母牛，吉利。

初九，履错然，敬之，无咎。

今译：步履错杂，要恭敬啊。没灾难。

六二，黄离，元吉。

今译：黄鹂，大吉大利。

九三，日昃（zè）之离，不鼓缶而歌，则大耋（dié）之嗟，凶。

今译：太阳偏西，迷离朦胧，不击缶而唱歌，老人们就会嗟叹，凶险啊。

九四，突如其来如，焚如，死如，弃如。

今译：（盗寇）突然就来了，烧的烧，死的死，弃尸的弃尸。

六五，出涕沱若，戚嗟若，吉。

今译：涕泪滂沱，悲痛感叹。但要转吉利了。

上九，王用出征，有嘉折首，获匪其丑，无咎。

今译：大王出征，砍了有嘉族人的脑袋，还抓住他们的匪首。没灾难了。

三十一：䷞咸：感受、引申为查验

咸：亨，利贞；取女吉。

今译：亨通，利于占筮。娶这女子，吉利。

初六，咸其拇。

今译：查验它的拇指（蹄子）。

六二，咸其腓（féi），凶；居吉。

今译：查验它的小腿肚。凶险。安居则吉利。

九三，咸其股，执其随，往吝。

今译：查验它的的大腿，摸摸它的腿肉。往后会有麻烦。

九四，贞吉，悔亡；憧憧往来，朋从尔思。

今译：预兆吉利，遗憾消失了。来来往往，钱随你来。

九五，咸其脢（méi），无悔。

今译：摸摸它的髀骨肉，没后悔的。

上六，咸其辅、颊、舌。

今译：查验它的牙口、面颊和舌头。

注：此卦实为古代相马经。

三十二：䷟恒：恒常、恒久

恒：亨，无咎，利贞，利有攸往。

今译：亨通，没灾难，利于占筮，利于有所往。

初六，浚恒，贞凶，无攸利。

今译：长久疏浚，预兆凶险，没啥好处。

九二，悔亡。

今译：遗憾消失了。

九三，不恒其德，或承之羞（馐），贞吝。

今译：不会长久有收获，但有时接着会有吃的。预兆有麻烦。

九四，田无禽。

今译：田猎没有野兽。

六五，恒其德。贞：妇人吉，夫子凶。

今译：长期有收获。占筮：妇人吉利，男子凶险。

上六，振恒，凶。

今译：长期振动，凶险。

三十三：䷠遯：借为"豚"，小猪

遯：亨小，利贞。

今译：小顺。利于占问。

初六，遯尾。厉。勿用有攸往。

今译：追小猪。凶险。不用去哪儿。

六二，执之用黄牛之革，莫之胜说（脱）。

今译：拴它用黄牛皮绳，没一个能挣脱的。

九三，系遯，有疾厉；畜臣妾，吉。

今译：捆小猪，因为有瘟疫；豢养男女仆人倒是吉利。

九四，好遯，君子吉，小人否。

今译：好猪仔。君子吉利，小人不吉利。

九五，嘉遯。贞吉。

今译：良种猪仔。预兆吉利。

上九，肥遯。无不利。

今译：肥猪仔。没有不利的。

三十四：䷡大壮：重伤

大壮：利贞。

今译：利于占筮。

初九，壮于趾，征凶。有孚。

今译：伤了脚趾，出征凶险。回来了。

九二，贞吉。

今译：预兆吉利。

九三，小人用壮，君子用罔。贞厉。羝（dī）羊触藩，羸（léi）其角。

今译：小人因此受伤，君子因此迷惘。预兆危险。就像公羊触篱笆，顶坏了角。

九四，贞吉，悔亡；藩决不羸，壮于大舆之輹。

今译：预兆吉利，遗憾消失了。篱笆垮了，角没伤着，但顶在大车辐条上伤着了。

六五，丧羊于易，无悔。

今译：（王亥）在有易地方丧失了他的羊群。但没大患。

上六，羝羊触藩，不能退，不能遂，无攸利。艰则吉。

今译：老公羊顶篱笆，退不得，也进不得，没啥好处。但艰难也预兆吉利。

三十五：䷢晋：地名。挺进

晋：康侯用锡马蕃庶，昼日三接。

今译：晋康侯用御赐的马繁殖，大白天（让它）多次交配。

初六，晋如摧如，贞吉；罔孚，裕，无咎。

今译：挺进摧毁，预兆吉利。没有俘虏，但发财了，没灾难。

六二，晋如愁如，贞吉。受兹介福，于其王母。

今译：挺进谨慎，预兆吉利。得到这么大的福分，多亏王母。

六三，众允，悔亡。

今译：一呼百应。没遗憾了。

九四，晋如鼫（shí）鼠，贞厉。

今译：挺进像鼫鼠，预兆危险。

注：鼫鼠并非胆小，而是“五技而穷”，万事通，万事不成功。

六五，悔亡，失得勿恤；往吉，无不利。

今译：没遗憾了，得失都不用挂心。往后吉利，没有不利的。

上九，晋其角，维用伐邑，厉，吉，无咎；贞吝。

今译：挺起冲角（后世之攻城槌），为了攻城伐邑，危险，但会吉利，没灾难，预兆有小麻烦。

三十六：䷣明夷：漂亮的鹈鸟、明鹈

明夷：利艰贞。

今译：利于艰难时占问。

初九，明夷于飞，垂其翼；君子于行，三日不食。有攸往，主人有言（愆）。（用闻一多说）

今译：明鹈鸟飞着，垂下了它的翅膀。君子出行，三天没吃的。有去处，但主人家有麻烦。

六二，明夷夷于左股，用拯马壮，吉。

今译：明鹈左腿受伤了，象征要疗治马伤，吉利。

九三，明夷于南狩，得其大首。不可疾贞。

今译：在南方巡狩，猎取明鹈，获得最大的一只。不能占问疾病。

六四，入于左腹，获明夷之心，于出门庭。

今译：（箭）射入明鹈左腹，获得明鹈的心。这是在出猎场门庭之时。

注：古之田猎，禽兽逃出猎场范围即不再追，这只明鹈却在即将逃出门庭时被捕获了。

六五，箕子之明夷，利贞。

今译：箕子的明鹈。利于占筮。

上六，不明晦；初登于天，后入于地。

今译：（天色）不明晦暗之时，（明鹈）起初飞到天上，后来又隐没在地平线下。

三十七：☲家人：家族

家人：利女贞。

今译：利于女子占问。

初九，闲有家，悔亡。

今译：熟悉家务，就没遗憾了。

六二，无攸遂，在中馈，贞吉。

今译：不随便外出，主持家务，预兆吉利。

九三，家人嗃嗃（xiào），悔，厉，吉；妇子嘻嘻，终吝。

今译：家人喘息，遗憾，危险，但会吉利；如果妇女孩子嘻嘻哈哈，最终反而麻烦。

六四，富家，大吉。

今译：让家庭富起来，大吉大利。

九五，王假有家，勿恤，吉。

今译：大王到家庙祭祀，不必担忧，吉利。

上九，有孚，威如，终吉。

今译：有答复了：要威严，最终会吉利。

三十八：䷥睽：两眼视力不一致，引申为乖离

睽；小事吉。

今译：小事吉利。

初九，悔亡；丧马，勿逐，自复；见恶人，无咎。

今译：没有遗憾，丢了马，不用找，自己会回来。看见一个恶人，没灾难。

九二，遇主于巷，无咎。

今译：在巷子里遇见主人，没灾难。

六三，见舆曳，其牛掣；其人天且劓（yì）。无初有终。

今译：见人拖着一辆车，那条牛死犟不听话，那个人受过墨刑和割鼻劓刑。这爻预兆开始不顺利，但结果还好。

九四，睽孤；遇元夫，交孚，厉，无咎。

今译：乖离孤独，遇到前夫，重新交往。危险，但没灾难。

六五，悔亡，厥宗噬肤，往何咎？

今译：没遗憾了，他的宗族在吃肉。去吧，会有什么乱子？

上九，睽孤，见豕负涂，载鬼一车，先张之弧，后说之弧；匪寇，婚媾；往，遇雨则吉。

今译：乖离孤独，见一口猪趴在路上，一辆车上拉着鬼方的俘虏，先拉开他的弓，后来又放下他的弓。不是盗寇，而是结婚的。去吧，遇到雨就吉利了。

三十九：䷦蹇（jiǎn）：跛脚

蹇：利西南，不利东北；利见大人，贞吉。

今译：利于去西南，不利于去东北。利见大人物，预兆吉利。

初六，往蹇，来誉（帛书作“舆”）。

今译：去时跛脚，回来坐车。

六二，王臣蹇蹇，匪躬之故。

今译：大王的臣仆一跛一跛的，不是他自身的原因。（大概是受了刑吧）

九三，往蹇，来反。

今译：去时跛脚，回来不跛了。（用闻一多说）

六四，往蹇，来连。

今译：去时跛脚，回来拉着车。（连，古“车”）

九五，大蹇，朋来。

今译：脚跛得厉害，但钱财来了。

上六，往蹇，来硕；吉；利见大人。

今译：去时跛脚，跳着回来。吉利。利于见大人物。（用朱骏声说）

四十：䷧解：解脱

解：利西南；无所往，其来复，吉；有攸往，夙吉。

今译：利于西南方。没有去处，那就回来吧，吉利；有去处，早去吉利。

初六，无咎。

今译：，没灾难。

九二，田获三狐，得黄矢。贞吉。

今译：打猎获得三只狐狸，还得到铜箭。预兆吉利。

六三，负且乘，致寇至。贞吝。

今译：又是人背，又是车拉，结果招来强盗。预兆有麻烦。

九四，解而拇，朋至，斯孚。

今译：松开你的拇指，钱财来了。这就是答复。

六五，君子维有解，吉，有孚于小人。

今译：君子的维系能松开了。吉利。这是对小人的答复。

上六，公用射隼（sǔn）于高墉之上，获之，无不利。

今译：公侯射高墉之上的鹰隼，射中了。预兆无所不利。

四十一：䷨ 损：减少、减缓

损：有孚，元吉，无咎，可贞，利有攸往。曷之用？二簋可用享。

今译：有答复了：大吉大利，没灾难，可以占筮。利于有所往。用什么呢？两簋（祭品）可以用来祭祀。

初九，已（巳）事遄（chuán）往，无咎；酌损之。

今译：祭祀的事要快去，就没灾难。可以斟酌减少（祭品）。

九二，利贞，征凶；弗损，益之。

今译：利于占问：出征凶险。不要减少，要增加（祭品或兵力）。

六三，三人行，则损一人；一人行，则得其友。

今译：三人同行，就要减少一人；一人独行，就要增加一个朋友。

注：这实际是占筮规则：三人占筮，则减去一人意见，如今日评比之减去一个最高分；一人占筮，则必须再增加一人。

六四，损其疾，使遄有喜。无咎。

今译：减轻她的疾病，让她快怀孕。没灾难。

六五，或益之十朋之龟，弗克违，元吉。

今译：可能要增加一个价值十朋的大龟。不能违背。大吉大利。

上九，弗损，益之。无咎，贞吉，利有攸往，得臣无家。

今译：不要减少，要增加。没灾难。预兆吉利，利于有所往，能得到一个无家（无主）的奴仆。

四十二：䷩益：增加

益；利有攸往，利涉大川。

今译：利于有所往，利于涉过大河。

初九，利用为大作，元吉，无咎。

今译：利于做大事。大吉大利，没灾难。

六二，或益之十朋之龟，弗克违，永贞吉；王用享于帝，吉。

今译：可能要增加一个价值十朋的大龟，不能违背。预兆永远吉利。大王要用来祭祀上帝。吉利。

六三，益之用凶（帛书作“工”）事，无咎；有孚，中行，告公用圭。

今译：增加扩大，用于工程，没灾难。这就是答复。中途用圭向公侯报告。

六四，中行，告公从，利用为依迁国。

今译：中途报告公侯，公侯听从了，用来作为迁移国都的依据。

九五，有孚，惠心，勿问，元吉：有孚，惠我德。

今译：有答复：赐给心，不必占问，大吉大利。有答复：赐给我所得。

上九，莫益之，或击之，立心勿恒，凶。

今译：不要再增加了。如果打击他，但决心不恒久，那就凶险。

四十三：䷪夬（guài）：分决、决断

夬：扬于王庭，孚号：有厉；告自邑，不利即戎；利有攸往。

今译：王庭公告，再次号令：有危险，封地传来报告，不利于立即交战，而利于有所迂回。

初九，壮于前趾，往，不胜为咎。

今译：前脚趾受伤了，继此以往，打不胜就有灾难。

九二，惕号，莫（暮）夜有戎，勿恤。

今译：警惕号令：夜晚有戎敌，但不要惊惶。

九三，壮（戕）于頄（kuí），有凶；君子夬夬独行，遇雨若濡，有愠（温），无咎。

今译：伤了颧骨，有凶险。君子毅然决然独自前行，遇到雨，好像湿透了，但有火烤，没灾难。

九四，臀无肤，其行次且（zī jú）；牵羊悔亡，闻言不信。

今译：屁股干瘦，走路趑趄不稳，牵着羊，没遗憾了，听到什么话也别相信。

九五，苋陆（睦）夬夬中行，无咎。

今译：细角山羊在路中间活蹦乱跳。没灾难。（用王夫之、闻一多、高亨说）

上六，无号，终有凶。

今译：没有号令。最终会有凶险。

四十四：䷫姤（帛书为“狗”）

姤：女壮，勿用取女。

今译：这女子受伤了，不用娶她。

初六，系于金柅（nǐ），贞吉；有攸往，见凶羸豕孚蹢躅（dí zhú）。

今译：车子被铜刹车刹住了，预兆吉利。有去处，看见一头又凶又瘦的猪回来了，走路踟蹰不稳。

九二，包有鱼，无咎；不利宾。

今译：庖厨有鱼，没灾难。但不利于宴请宾客。

九三，臀无肤，其行次且（zījú）；厉，无大咎。

今译：屁股干瘦，走路趑趄不稳。危险，但没大灾祸。

九四，包无鱼，起（帛书作“正”，借为征）凶。

今译：庖厨没鱼，起兵凶险。

九五，以杞包瓜，含章，有陨自天。

今译：用杞叶瓠瓜（祭祀），口中含玉，有的是天上陨落下来的。

上九，姤其角。吝，无咎。

今译：遇到他们的冲角。麻烦，但没灾难。

四十五：䷬萃：聚集

萃：亨：王假有庙。利见大人，亨，利贞，用大牲吉，利有攸往。

今译：亨通：大王到宗庙祭祀，利于见大人物，亨通，预兆吉利。用大牲畜祭祀就吉利。

初六，有孚：不终，乃乱乃萃；若号，一握为笑；勿恤，往无咎。

今译：有答复了：有始无终，就会聚众闹事；先是嚎啕大哭，后来又咿咿喔喔破涕为笑。不用担心，以后也没灾难。（一握为笑，用闻一多说）

六二，引，吉，无咎；孚：乃利用禴（yuè）。

今译：开弓，吉利，没灾难。答复是利于举行禴祭（春祭）。

注："引"，像人挽弓而射。

六三，萃如嗟如，无攸利；往无咎，小吝。

今译：聚集在一起嗟叹，没什么好处。但往后没灾难，只有小麻烦。

九四，大吉，无咎。

今译：大吉，没灾难。

九五，萃有位，无咎。匪孚。元永贞：悔亡。

今译：取得地位，没灾难。没答复。原来占问长期的事的结果是，没遗憾。

上六，赍（jī）咨涕洟，无咎。

今译：咨嗟流涕，但没灾难。

四十六：䷭ 升：上升、登高

升：元亨，用见大人，勿恤，南征吉。

今译：开张大顺，可以觐见大人。不用担心，南征吉利。

初六，允升，大吉。

今译：一起升阶。大吉。

九二，孚：乃利用禴，无咎。

今译：答复是：利于举行禴祭，没灾难。

九三，升虚（墟）邑！

今译：请登上神山的城邑！

六四，王用亨于岐山，吉，无咎。

今译：大王要用来祭祀岐山。吉利，没灾难。

六五，贞吉，升阶。

今译：预兆吉利，请登上祭坛台阶。

上六，冥升，利于不息之贞。

今译：夜深了，登上去，利于持续不息的占问。

四十七：䷮ 困：困住

困：亨，贞，大人吉，无咎；有言不信。

今译：亨通，占筮：大人吉利，没灾难。有什么话也不必听信。

初六，臀困于株木，入于幽谷，三岁不觌（dí）。

今译：屁股夹在木叉里，关在牢狱中，三岁不得见。

九二，困于酒食，朱绂（fú）方来，利用享祀；征凶，无咎。

今译：正忙于酒食，穿朱绂的大人刚好来，利于进行享宴祭祀。出征凶险，但没灾难。

六三，困于石，据于蒺藜；入于其宫，不见其妻，凶。

今译：（把他）捆在石头上（示众），又监禁在蒺藜丛中。但进了他家，却没见到他妻子。凶险。

九四，来徐徐，困于金车，吝，有终。

今译：来得很慢，是被拘押在铜车里。有麻烦，但也会有期限。

九五，劓刖，困于赤绂；乃徐有说，利用祭祀。

今译：割了鼻子，砍了脚，又困在朱绂之中，后来才慢慢脱了身。利于举行祭祀。

上六，困于葛藟（lěi），于臲卼（niè wù）；曰动悔有悔，征吉。

今译：困在葛藤之中，木桩之中，可以说一动就倒霉了又倒霉。但出征吉利。

四十八：䷯井：水井、八家为一“井”

井：改邑不改井，无丧无得。往来井井。汔（qì）至，亦未繘（yù）井，羸其瓶，凶。

今译：改变城邑，不改变水井，没有损失也没有得益。人们来来往往，水干到底了，还没放绳子汲水呢，就把瓶子打破了。凶险。

初六，井泥不食，旧井无禽。

今译：井水淤泥吃不成了，老井地区野兽都没了。

九二，井谷射鲋，瓮（wèng）敝漏。

今译：井底可以射小鲋鱼了，用瓮打水，碰破漏了。

九三，井渫（xiè）不食，为我心恻；可用汲。王明并受其福。

今译：井水污浊不能吃，因此我心中同情，还可以汲水嘛。大王英明，大家都托他的福气啊！（这应该是中国最早的反语讽刺吧）

六四，井甃（zhòu），无咎。

今译：用砖石砌井壁。没灾难。

九五，井洌，寒泉食。

今译：井水清洌，寒凉可吃。

上六，井收，勿幕；有孚，元吉。

今译：井口收小了，不用盖了。有答复了：大吉大利。

四十九：䷰ 革：皮革

革：己（帛书作“巳”）日乃孚：元亨，利贞，悔亡。

今译：祭祀之日就有答复：大吉大利，利于占问，没遗憾。

初九，巩用黄牛之革。

今译：用黄牛皮绳子捆起来。

六二，己（帛书作“巳”）日乃革（帛书作“勒”）之，征吉，无咎。

今译：祭祀之日要刻下来，征伐吉利，没灾难。

九三，征凶，贞厉；革言三就，有孚。

今译：征伐凶险，预兆危险。穿上三层皮革护胸。这就是答复。

九四，悔亡，有孚：改命，吉。

今译：没遗憾了。有答复：改变命令，吉利。

九五，大人虎变，未占有孚。

今译：大人戴虎纹装饰的皮弁。还没占筮就有答复了。

上六，君子豹变，小人革面；征凶，居贞吉。

今译：君子戴豹纹装饰的皮弁，小人戴皮革护面。征伐凶险，安居不动，预兆吉利。

五十：䷱ 鼎：食物容器

鼎：元吉，亨。

今译：大吉大利，亨通。

初六，鼎颠趾，利出否；得妾以其子。无咎。

今译：鼎脚断了，应该用陪鼎；正如得个妾，可以生孩子。没灾难。(用闻一多说)

九二，鼎有实；我仇有疾，不我能即，吉。

今译：鼎中有食物，但我的伙伴有病，不能来我这儿。吉利。

九三，鼎耳革，其行塞，雉膏不食；方雨，亏悔，终吉。

今译：鼎耳坏了，桁木插不进了（抬不了了），有野鸡肉也吃不成。天正下雨，真糟心。不过最终还是吉利的。

九四，鼎折足，覆公餗（sù），其形渥，凶。

今译：鼎脚折了，公侯的食物倒得一地的，形状龌龊。凶险。

六五，鼎黄耳，金铉，利贞。

今译：鼎耳是黄色的，配上金色的提环。利于占筮。

上九，鼎玉铉，大吉，无不利。

今译：鼎配上镶玉的提环，大吉，无所不利。

五十一：䷲震：震动、雷震

震：亨。震来虩虩（xì），笑言哑哑；震惊百里，不丧匕鬯（chàng）。

今译：亨通。雷震来得恐怖，但依旧笑声朗朗；雷震惊动百里，但勺里的酒一滴没撒。

初九，震来虩虩，后笑言哑哑。吉。

今译：雷震来了，恐怖，恐怖，过后却笑声朗朗。吉利。

六二，震来厉；亿丧贝，跻于九陵。勿逐，七日得。

今译：雷震来得猛烈。想起在攀登九陵时丢了钱财。不用找，过七天会得到的。

六三，震苏苏，震行无眚。

今译：雷震舒缓了，虽还有雷，但行路没灾难了。

九四，震遂泥。

今译：雷震就引起泥石流。

六五，震往来厉；亿无丧，有事。

今译：雷震来回剧烈滚动。但估计没损失，又进行祭祀。

上六，震索索，视矍矍，征凶；震不于其躬，于其邻，无咎；婚媾有言。

今译：雷震悠长，眼神恐怖，预兆凶险。雷震没击在他身上，而击中了邻居，也没恶果，但亲戚们还是有闲话（说他不好）。

五十二：䷳艮（gèn）：注视，注意

艮：艮其背，不获其身；行其庭，不见其人，无咎。

今译：注意他的背，没抓住他的身体；走过他的庭院，却没看见他。没灾祸。

初六，艮其趾，无咎，利永贞。

今译：注意他的脚趾，没灾祸，利于占问长期的事。

六二，艮其腓，不拯其随，其心不快。

今译：注意他的小腿，但没疗治他的腿，他心里不痛快。

九三，艮其限，列其夤（yín），厉熏心。

今译：注意他的腰部，他的肌肉裂开了，疼痛如烈火烧心。

六四，艮其身，无咎。

今译：注意他的躯体。没灾祸。

六五，艮其辅，言有序，悔亡。

今译：注意他的嘴巴，说话有条理，遗憾没了。

上九，敦艮，吉。

今译：认真注意。吉利。

五十三：䷴渐：缓慢降落

渐：女归吉，利贞。

今译：女子出嫁，吉利，利于占问。

初六，鸿渐于干；小子厉，有言，无咎。

今译：鸿雁慢慢降落到水边。小子危险，有麻烦，但没灾难。

六二，鸿渐于磐，饮食衎衎（kàn），吉。

今译：鸿雁慢慢降落在磐石上，吃饱喝得，吉利。

九三，鸿渐于陆，夫征不复，妇孕不育，凶；利御寇。

今译：鸿雁慢慢降落到高地上。出征的丈夫回不来，妇女怀孕却不能生育。凶险。但利于抵御盗寇。

六四，鸿渐于木，或得其桷（jué），无咎。

今译：鸿雁慢慢降落到树木上，或许能找到平直的树枝。没灾难。

九五，鸿渐于陵，妇三岁不孕；终莫之胜，吉。

今译：鸿雁慢慢降落到山陵上。妇女三年没怀孕。但始终没人能胜过她。吉利。

上九，鸿渐于陆（逵），其羽可用为仪，吉。

今译：鸿雁慢慢飞往远方，它的羽毛可以用作仪仗。吉利。

五十四：䷵归妹：嫁女

归妹：征凶，无攸利。

今译：征伐凶险，没什么好处。

初九，归妹以娣，跛能履，征吉。

今译：嫁女以女弟从嫁，虽然跛脚但能走路。征伐吉利。

九二，眇能视，利幽人之贞。

今译：眇一目还有视力，利于囚犯占问。

六三，归妹以须（嬃 xū），反归以娣。

今译：嫁女以女弟从嫁，也与女弟一起被休回家。

九四，归妹愆期，迟归有时。

今译：嫁女耽误了婚期，但晚嫁还是有机会的。

六五，帝乙归妹，其君之袂（mèi），不如其娣之袂良，月几望。吉。

今译：帝乙嫁女，姐姐的衣饰不如妹妹的衣饰漂亮，那是在月亮快圆的时候。吉利。

上六，女承筐，无实，士刲（kuī）羊，无血。无攸利。

今译：女子托着筐，无物空荡荡；男子来宰羊，也不见血淌。没什么吉利的。

五十五：䷶ 丰

丰：亨，王假之；勿忧，宜日中。

今译：亨通，大王要祭祀。不必担心，（祭祀）宜于中午举行。

初九，遇其配主，虽旬无咎，往有尚。

今译：遇到他的第二个主人，即使十天也没灾难，往后还有希望。

六二，丰其蔀（bù），日见斗，往得疑疾；有孚发若，吉。

今译：扩大帘幕，白天看见北斗，这样下去会得疑心病。占筮答复是，像弓弦颤抖以后就吉利了。

注：“发若”之“发”，甲骨文作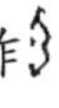，像弓弦颤抖，此处当指日食以后的天象。

九三，丰其沛，日中见沫；折其右肱（gōng），无咎。

今译：扩大草帘，中午看到星星，摔断了右臂。但占筮说没灾难。

九四，丰其蔀，日中见斗；遇其夷主，吉。

今译：扩大帘幕，中午看见北斗。遇到他的第一个主人。吉利。

六五，来章，有庆誉，吉。

今译：得贡玉璋，有庆典。吉利。

上六，丰其屋，蔀其家，窥其户，阒（qù）其无人，三岁不觌，凶。

今译：扩大房屋，遮蔽他的家，窥探他的窗户，里面静寂无人。凶险。

五十六：䷷旅：商旅

旅：小亨，旅贞吉。

今译：小亨通。占问商旅之事，吉利。

初六，旅琐琐，斯其所取灾。

今译：商旅琐碎事多，这就是他遇到灾祸的原因。

六二，旅即次，怀其资，得童仆，贞（吉）。

今译：旅居住店，带着资金，得到僮仆。预兆吉利。

九三，旅焚其次，丧其童仆；贞厉。

今译：旅居的客店被烧了，还丢失了他的僮仆。预兆危险。

九四，旅于处，得其资斧，我心不快。

今译：旅居处地，发了财，但我心里不痛快。

六五，射雉，一矢亡；终以誉命。

今译：射雉鸡，丢了一支箭。最终得到荣誉和爵位。

上九，鸟焚其巢，旅人先笑，后号咷；丧牛于易，凶。

今译：鸟窝被烧了，商旅之人起先欢笑，后来却嚎啕大哭，因为在易地丧失了牛群。凶险。

五十七：䷸巽（xùn）：僎（zhuàn）具，准备（祭品）

巽：小亨，利有攸往，利见大人。

今译：小亨通，利于有所往，利于见大人物。

初六，进退，利武人之贞。

今译：进前然后退下来，利于武人占筮。

九二，巽在床下，用史、巫纷若，吉，无咎。

今译：在架子前准备（祭品），史官、巫师乱纷纷的。吉利，没后患。

九三，频巽，吝。

今译：频频准备（祭品），有麻烦。

六四，悔亡，田获三品。

今译：没遗憾。田猎获得几种（野兽）。

九五，贞吉，悔亡，无不利；无初有终；先庚三日，后庚三日，吉。

今译：预兆吉利，没遗憾，无所不利。开始不顺，但终会有结果，从丁日到癸日都吉利。

上九，巽在床下，丧其资斧；贞凶。

今译：在架子前准备（祭品），丧失了资金。预兆凶险。

五十八：䷹兑：愉悦

兑：亨，利贞。

今译：亨通，利于占筮。

初九，和兑，吉。

今译：和谐愉悦，吉利。

九二，孚：兑，吉，悔亡。

今译：答复是：愉悦，吉利，没遗憾。

六三，来兑，凶。

今译：招徕愉悦，凶险。

九四，商兑，未宁，介疾，有喜。

今译：商的都城愉悦，但尚未安宁。有小病，其实是有喜了。

九五，孚于剥，有厉。

今译：从剥部族地区回来，有灾难。

上六，引兑。

今译：开弓愉悦。

注："引"，像人挽弓而射。"射"亦商周礼仪之一。

五十九：䷺涣：水流

涣：亨，王假有庙，利涉大川，利贞。

今译：亨通，大王在家庙祭祀。利于涉过大河。利于占筮。

初六，用拯马壮。吉。

今译：用于治疗马伤。吉利。

九二，涣奔其机（帛书作"阶"），悔亡。

今译：水流冲到台阶，但遗憾没了。

六三，涣其躬，无悔。

今译：水流冲到了自身，但没遗憾。

六四，涣其群，元吉；涣有丘，匪夷所思。

今译：水流冲到人群，大吉大利。水流冲上山丘，意想不到。

九五，涣汗其（帛书作"其汗"），大号，涣王居，无咎。

今译：水流浩瀚，水声宏大，水流冲到王宫，但没灾祸。

上九，涣其血（洫），去逖（tì）出，无咎。

今译：水流冲到沟洫，远远冲出去，没有灾祸。

六十：䷻节：符节（注："节"字之义，用邓球柏说，但具体解释不同。）

节：亨，苦（帛书作"枯"）节，不可贞。

今译：亨通。粗劣的符节，不能占问。

注：苦、枯、楛（读如kǔ），通用。粗劣也。符节制作粗劣，当然不可占问吉凶。上六之贞凶，同理。

初九，不出户庭，无咎。

今译：不出庭院家门，没灾祸。

九二，不出门庭，凶。

今译：不出门庭，凶险。

六三，不节若，则嗟若，无咎。

今译：没有符节，就要叹息了。但没灾祸。

六四，安节，亨。

今译：安地的符节，亨通。

注："安"为地名。见李亚农《殷契摭佚续编》68："壬戌卜贞王其田安亡 。"

九五，甘节，吉，往有尚。

今译：甘地的符节，吉利，前往有奖赏。

注："甘"亦为地名，见罗振玉《殷墟书契后编》上25．3："贞王往于甘。"

上六，苦节；贞凶，悔亡。

今译：粗劣的符节，预兆凶险，但没有遗憾。

六十一：䷼ 中孚：归途中

中孚：豚，鱼，吉，利涉大川，利贞。

今译：小猪和鱼，吉利。利于涉过大河，利于占筮。

初九，虞，吉，有它不燕。

今译：虞祭，吉利。若有意外，就不燕集了。

九二，鸣鹤在阴，其子和之；我有好爵，吾与尔靡之。

今译：鹤在树荫中啼鸣，小鹤和着啼鸣。我有好的酒爵，我和你举爵畅饮。

六三，得敌，或鼓或罢（pí），或泣或歌。

今译：战胜敌人后，（我们）有的鼓舞，有的疲惫，有的哭泣，有的歌唱。

六四，月几望，马匹亡，无咎。

今译：月亮快圆时，马匹丢了，但没灾祸。

九五，有孚：挛如，无咎。

今译：有答复了：捆紧，就没灾祸。

上九，翰音登于天，贞凶。

今译：雉鸡叫声传到天上。预兆凶险。

六十二：䷽小过：稍有过分

小过：亨，利贞；可小事，不可大事，飞鸟遗之音，不宜上，宜下，大吉。

今译：亨通，利于占筮。可以占问小事，不能占问大事。飞鸟留下的声音，不宜上升，宜下降。大吉。

初六，飞鸟以凶。

今译：飞鸟预兆凶险。

六二，过其祖，遇其妣；不及其君，遇其臣，无咎。

今译：拜访他的祖父，却遇见他的祖母。没赶上他的君王，却遇见他的臣仆。没灾祸。

九三，弗过，防之，从或戕之，凶。

今译：不要拜访，防着他，或许从而杀伤他。凶险。

九四，无咎，弗过，遇之；往厉，必戒，勿用永贞。

今译：没灾祸。没拜访，却遇到他。前往有危险，一定要戒备。不要占问长期的事。

六五，密云不雨，自我西郊。公弋（yì）取彼在穴。

今译：浓云密布，却没下雨，从我的西郊飘过来。公侯用带绳子的箭射中了洞中的野兽。

上六，弗遇过之；飞鸟离之，凶，是谓灾眚。

今译：没遇到他，却去拜访他。飞鸟碰到网上。凶险。这叫做灾难瘟疫。

六十三：䷾既济：已渡过河

既济：亨小，利贞；初吉终乱。

今译：小亨通，利于占筮。开始吉利，最终混乱。

初九，曳（yè）其轮，濡其尾，无咎。

今译：拉着那车轮，打湿了车尾。没灾祸。

六二，妇丧其茀（鬗），勿逐，七日得。

今译：妇女丢失她的首饰，不用去找。七天后会得到。

九三，高宗伐鬼方，三年克之；小人勿用。

今译：殷高宗讨伐鬼方，三年才打败它。不要用小人。

六四，繻有衣袽，终日戒。

今译：棉袄都露出了棉絮，还终日警戒。

九五，东邻杀牛，不如西邻之禴祭，实受其福。

今译：东邻杀牛，不如西邻的春祭，实实在在得到了福分。

上六，濡其首，厉。

今译：弄湿了头。危险。

六十四：䷿ 未济：渡河不成

未济：亨；小狐汔济，濡其尾，无攸利。

今译：亨通。小狐狸快渡过河了，却弄湿了它的尾巴。没什么利益。

初六，濡其尾，吝。

今译：弄湿了它的尾巴。有麻烦。

九二，曳其轮，贞吉。

今译：拉着那车轮。预兆吉利。

六三，未济，征凶，利涉大川。

今译：渡河不成，征伐凶险。利于涉过大河。

九四，贞吉，悔亡；震用伐鬼方，三年有赏（帛书作“商”）于大国。

今译：预兆吉利，没遗憾。震用（王亥及其子）讨伐鬼方，三年后使商部族成为大国。

六五，贞吉，无悔；君子之光，有孚吉。

今译：预兆吉利，没遗憾。君子的光辉。有答复了：吉利。

上九，有孚于饮酒：无咎，濡其首。有孚：失是。

今译：对饮酒有答复了：没灾祸，但会弄湿头。有答复了：过失就在这儿。

载寔其尾

孟子曰:“予岂好辩哉?予不得已也!”毛主席云:“到中流击水,浪遏飞舟!”此皆圣人气概。藐予小子,岂敢言辩,言沧海横流?不过蒙云南人民出版社提携,混迹《古典今读》,聊以充数,亦为稻粱谋耳。然曾子曰:“吾日三省吾身……为人谋而不忠乎?”食君之禄,谋君之事,食纳税人之禄,谋纳税人之事,宜乎直言无忌,忠之属也。《说易无德》,欲还《易》以本来面目,如此而已,岂有他哉!

余生也晚,然余生也幸。牛顿所谓立足巨人之肩,其视可远。顾颉刚、闻一多、高亨、李镜池诸师,乃至郭沫若,均《易》中巨人也。予攀背扶肩,偶有所见,其幸一也。比尔·盖茨电脑之术,惠泽天下,令书痴检索,易于反掌,其幸二也。书中引用图片,凡知名者,如罗西章先生、黄展岳先生大作,皆一一标注,未敢掠人之美;未知名者,暂付阙如,并于此致谢。如有侵权,望高明示下,令予小子或朱原兄得知,有以改正,补过于将来。至于先获我心,后补予失,如切如磋,如琢如磨,装帧设计,摄影制图,检索下载,摘钞资料,誊写录入,清样校对,则袁亚雄、熊乐华、张文英、刘昆、刘明董其事,免予琐屑。微数子,则吾谁与归?

是为跋。己丑二月晦前一日于昆明。